작은 행복론

가와사키 쇼헤이 지음

이영미 옮김

작은 행복론

현실을 사랑하는 25가지 방법

'빛나는 내일'보다
'지금 이대로의 현실'이 즐겁다.

작은 행복을 위해 이상을 버리자

이상理想은 중요하다. 오늘을 살아가는 양식이자 내일을 살아낼 수 있는 이정표이기도 하다. 멋진 옷을 차려입은 늘씬한 나를 이상으로 삼지 않는 한 불룩 튀어나온 뱃살을 빼려고 운동에 온 정성을 쏟기는 힘들다. 정원 딸린 단독주택에서 가족과 오손도손 살아가는 이상을 품지 않고서 어떻게 매일 밤 막차가 간당간당 끊기는 시간까지 땀 흘려 일할 수 있겠는가. 이렇게 되고 싶다, 저런 걸 해보고 싶다……이렇듯 이상은 인간이 살아가는 데 없어서는 안 될 사고思考의 한 형태다.

그와 다른 한편으로 이상은 인간을 괴롭힌다. 너무 큰 이상을 품은 나머지 허공에 붕 떠버릴 때가 있다. 이상에만 너무 빠지면, 눈앞이 안 보일 때가 있다. 이상을 지나치게 존중한 나머지 현실의 나를 잊어버릴 때가 있다. 경영자가 '회사의 발전 확대'를 이상으로 품는 것은 당연한 일일지 모르지만, 거기에 휘둘려서 무리한 경영 목표를 달성하기 위해 괴로움을 감내해야 하는 사람은 정작 직원들이다. 미혼인 사람이 '이상적인 결혼 상대'를 그려보는 건 자유지만, 그로 인해 바로 옆에 있는 이성의 장점을 놓쳐버릴 수도 있다. 누군가가 '평화로운 나라'라는 이상을 목청껏 외치는 거야 상관없지만, 그로 인해 현상現狀이 왜곡된다면 앞으로 태어날 후손들이 미래의 화근을 감당해야 하지 않겠는가.

왠지 좀 표현이 고루해지고 말았지만, 결코 과장에 불과한 말은 아니라고 생각한다. 실제로 자기 분수에 맞지 않는 이상에 휘둘린 경험은 많든 적든 누구에게나 있지 않을까? 나 역시 한 잔에 1,000엔이 넘는 커피를 온화한 조명이 비치는 고요한 방에서 안락한 의자에 앉아 느긋하게 마실 수 있으면 좋겠다고 생각한다. 점심식사를 그렇게 즐길 수 있다면, 더할 나위 없이 최고다. 이상적인 오후라고 단언할 수 있다.

그러나 그것은 이상이다. 그런 이상을 실현하기 위해 필요한 시간(과 돈)을 확보하려고 기를 써봐도 좋겠지만, 막상 하라고 시키면 당장 하기 싫어질 테고, 애당초 나는 기호품은 가벼운 마음으로 즐길 수 있어야 한다고 생각한다. 그래서 알 만한 사람은 다 안다는 어느 찻집을 향해 스마트폰을 들고 종종걸음을 치기보다는 회사 뒤편에서 100엔짜리 편의점 커피를 홀짝홀짝 마시며 담배를 피우는 게 내 성격에는 더 맞다. 일단 이상은 알지만, 현실을 냉정하게 파악하고 그 속에서 최대한 즐길 수 있는 길을 모색하는 것이다.

이런 태도를 타협이라고 부르는 건…… 타당하지 않다고 생각한다. 제3자의 시각에서는 '좋은 것'과 '좋은 것에 뒤지는 것'을 비교해서 후자를 선택하는 행위가 포기처럼 보일지 모른다. 둘 중 하나를 선택하라고 한다면, 더욱이 본심은 전자를 원한다면…… 후자를 선택하는 의지는 물론 타협의 산물이겠지.

그러나 잠깐만 생각해보면 알 수 있듯이, 1,000엔이 넘는 고급 커피와 100엔짜리 편의점 커피는 나란히 있는 게 아위만 보니까 넘어지는 것이다.

니다. 어느 순간, 어느 국면에서는 둘 중 하나뿐이다. 예를 들어 나의 어제를 떠올려보면, 현실적인 거리감으로 볼 때 100엔짜리 커피가 가장 가까웠다.

또한 100엔짜리 커피를 마시는 순간의 내 마음은 일단 의심할 나위 없이 '만족스럽다'고 평가해도 좋을 감정으로 가득했다. 분명 밤 10시가 넘은 시각이었고, 한 고비는 넘긴 오케이 교정 직전 무렵이라 적당한 피로감과 혹여 늦을까 걱정했던 긴장감에서 조금은 해방된 기쁨에 커피는 분명 맛있게 느껴졌다. 열심히 일한 뒤에 마시는 100엔짜리 편의점 커피 한 잔의 만족감. 싸구려라고 비웃어도 상관없다. 그 순간의 나에게 그보다 윤택하고 여유로운 한때는 없고, 따라서 나는 아무런 불만도 없었다.

이 사례를 조금 더 파헤쳐보자. 나는 100엔짜리 편의점 커피에 매우 만족했지만, 그 만족감을 위해 내가 어떤 적극적인 행동을 취했느냐 하면, 결코 그렇지 않다. 편의점은 회사 바로 옆에 있다, 내 주머니에는 캐스터 마일드 두 개비가 남아 있었다, 나는 담배 한 모금을 피우고 나서 처리해야 할 이런저런 업무적 사안이 아직 몇 가지쯤 남아 있었다……
그런 상황에서 상대적으로 도출된 행동이다. 필연이 낳은
행위다(뭐, 담배야…… 끊으면 좋겠지만).

요컨대 업무 내용이나 회사의 지위 같은 환경이 중대한
조건이 되어 나의 행위에 영향을 미쳤다고 할 수 있다. 그런
환경 요소까지 포함해서, 그것들을 솔선해서 바꾸고자 하
는 의지가 내게는 없다. 있는 그대로 자연스럽게 흘러가고
픈 마음뿐이다.

이 말은 결국…… 환경이 변하면, 환경에 수동적인 나도
필연적으로 변할 거라는 추론이 성립한다. 실제로 과거를
돌이켜보면 그러했다. 편집자로 일하기 전, 예술 계통 작가
로 살았을 때의 커피는 회의 시간의 윤활유이거나 출장지
에서 원고를 마무리할 때의 가솔린 같은 존재, 전투 도구 같
은 역할에 불과했다. 안도와 평온을 음미하기 위해 곁들이
는 것은 귀가 후에 한잔 기울이는 캔 맥주였지 절대 커피가
아니었다.

불과 몇 년 전과 비교해서 이런 상황이니 앞으로의 일을
알 턱이 없다. 회사가 갑자기 급성장해서 훨씬 비싼 지역으

로 이사하고, 내친김에 내 급여까지 올라가고, 회사 근처에 세련된 고급 찻집까지 있다면, 나도 일하는 틈틈이 한 잔에 1,000엔이 넘는 커피에 입맛을 다실지도 모른다. 그렇게 되었을 때 내가 나를 부감俯瞰할 수 있다면, 나는 분명 그것을 좋은 방향으로 변화했다고 평가할 것이다…… 단지 환경에 휩쓸렸을 뿐이라도.

너무 흔한 예라 오히려 더 이해하기 힘들지도 모르지만, 어쨌든 인간은 딱히 이상이 없어도 변화할 수 있다는 게 나의 지론이다. 좀 더 극단적인 표현을 쓴다면, 인간을 바꾸는 것은 이상이 아니라 환경이라는 뜻이기도 하다.

우리 인류는 유사 이래로 어마어마하게 많이 변화해왔지만, 역사적으로 이상이 그런 변화들을 견인한 경우는 적은 편이다. 10만 년 전, 아프리카 오지에서 이동하기 시작한 인류의 선조는 딱히 '보다 나은 생활'이라는 이상에 이끌려 수만 년 동안 기진맥진하며 지구 곳곳을 누빈 게 아니다. 어떤 장소에 정착했지만, 증가한 인구에 비해 수렵·채취 대상인 동식물이 너무 적어졌다거나 기후 환경이 변해 살 수 없을 정도로 추워졌다거나…… 그런 다종다양한 환경 변화가 요인이 되어 우리 자신의 변화에 박차를 가한 것이다.

　일본어가 특히 문자언어에서 한자, 가타카나, 히라가나를 섞어서 표기하게 된 것도 누군가의 이상의 산물은 결코 아니다. 외국과의 교류와 그에 대한 반동 등 역사적인 문화 환경의 몇몇 변화가 쌓여 오늘날의 상황을 만들어낸 것이다.

　그럼에도 불구하고, 시간이 아무리 지나도 이상이라는 도구는 변화를 위한 기치로 이용된다. 개인은 이상으로 성장하고, 자본주의 사회는 이상으로 확대 재생산이 가능해졌고, 인류는 이상으로 발전한다……고 여겨진다. 실제로 그것이 현실감 있고, 효과나 실적을 발휘하는 국면도 많으니 당연히 부정할 수는 없다. 앞에서도 말했듯이, 이상이 중요한 국면이나 상황도 분명 얼마든지 많을 것이다.

　그러나 나는 강요된 이상에는 반발하며, 남이 준비해둔 이상 때문에 괴로워하는 사람들을 보는 건 더 이상 참을 수 없다. 이상에 짓눌려 숨을 못 쉴 정도라면, 차라리 현실만 보면 된다. 인간은 그것만으로도 얼마든지 행복을 누릴 수 있다고 생각한다.

아주 간단하게 말하면, 이 책은 '이상에 지나치게 사로잡힌 나머지 숨이 막히지는 않은가?'라는 질문과 '눈앞의 현실을 제대로 사랑할 수 있으면, 인간은 이상 없이도 성장할 수 있고, 하루하루가 즐겁고, 작은 행복을 손에 넣을 수 있다'는 제안을 각각 실천해보고자 하는 내용이다. 미리 밝혀두지만, 그렇다고 실용주의자가 되라는 호소는 아니다. 리얼리스트를 권장하는 취지도 아니다.

오히려 나는 더욱 차분하게, 담담하게 오늘을 사랑하는 수단을 깊이 사색해주길 바라며, 그것이야말로 자칫하면 당장이라도 숨이 막힐 것 같은 현대를 살아내는 최고의 수단이라고 믿는다.

이 책을 읽고 조금이나마 편안한 마음으로 오늘을 마주할 수 있는 아이디어를 얻는 사람이 있다면, 더 이상의 기쁨은 없을 것이다.

이상을 버리는 것과
포기하는 것은 다르다.

차례

제1장

이미 충분할 만큼
갖고 있다

대부분의 이상은
'소비'의 의역意譯이다.

이상에 시달리지 않고 현재 상태를 사랑하려면, 먼저 무엇부터 해야 할까? 이번 장에서는 그 첫 단계로 '소유하지 말라'고 제안한다. 소유라는 욕망이 이상으로 탈바꿈해서 설쳐대는 경우가 종종 있는데, 그 맹위에 대항하기는 상당히 어렵다. 주위에서는 마구잡이로 소비를 부추기고, 실제로 사회에서는 꽤 많은 양의 에너지가 '물건을 사게 만드는 데' 소비되는 측면도 있다.

물론 이 책에서는 '물욕을 없애라'고 설교하지는 않는다. 누구에게

나 원하는 것이 있게 마련이고, 나는 욕망을 철저히 고갈시킨 금욕적인 자세를 딱히 좋다고도 나쁘다고도 여기지 않기 때문에 그것을 결론으로 삼지는 않는다.

그저 단순히 좀 더 편안한 마음으로, 새로운 뭔가를 원하는 게 아니라 현재 상태를 다시 한 번 겸허하게 받아들이는 데서부터 시작하자고 호소할 뿐이다. 그 실마리로 일단 '가진 것에 만족하자'는 사고를 풀어보는 것이 제1장의 역할이다.

01 버리기 위한 정리정돈은 하지 않는다

정리를 한다고 인생이 활짝 열리지는 않는다…… 특히 그것이 버리기 위한 정리였다면. 뭔가를 버리면, 반드시 공백이 생긴다. 그 공백과 당당히 마주하며 살아갈 각오가 단단히 섰다면, 버리는 것도 악수惡手는 아니다. 공백을 사랑하고, 공백에 사색의 장을 마련하고, 공백에서 평안을 얻을 수 있다면, 점점 더 버리자.

그러나 모든 인간이 잘 조절하는 능력을 타고나진 못했기 때문에 공백에 그렇게까지 금욕적으로 대처하기는 매우 힘들다. 혹은 건설적인 사고방식이 특기인 사람이라면, 오히려 새로 생긴 공백을 효과적으로 이용하는 방법을 구상해버릴지도 모른다. 꼭 그렇지는 않더라도 '모처럼 생긴 공간'이라며 이것저것 새로운 물건을 끌어들이고 싶어지는 경우도 종종 있다.

　다시 말해…… 버리면 갖고 싶어진다. 공백에는 '소유라는 이상'을 불러들이는 덫이 놓여 있는 것이다. 이런 심리적 동향은 간단히 떨쳐낼 수 없다. 내 방의 대부분을 압박하는 책꽂이와 거기에 빽빽하게 꽂힌 책들(당연히 다 들어가지 않아서 바닥에도 여기저기 많은 책이 흩어져 있다)을 버리면, 분명 책꽂이도 방도 깨끗해지긴 하겠지. 그러나 그와 동시에 보나마나 새 책에 대한 욕구도 생겨날 게 틀림없다. 솔직히 버려도 아무 상관없는 책들도 있다(그리고 무덤까지 가져가기로 결심한 책도 더 많이 있다). 필요 없는 책이라면, 더 이상 안 읽는 책이라면, 그것들을 버려도 나는 전혀 후회하지 않을 것이다. 그도 그럴 것이 더는 읽지 않을 뿐더러 거기에서 얻을 것도 없다고 생각하니까.

　그런데 정말로 그럴까? 나의 독해력이 책이 전하려 하는 핵심 내용을 제대로 파악하지 못했을 가능성은 없을까? 20대 무렵에 읽었던 책이라도 30대 중반인 지금 다시 읽어보면 새롭게 발견하는 것이 있지 않을까? 나의 사고력이나 판단력, 그리고 축적된 사상이 번듯한 서적들을 능가할 리가 없다. 책은 나 같은 인간보다 훨씬 현명하다. 그렇다면 나는 자신의 어리석음은 제쳐둔 채로, 혹은 조금 알면서 다 터득한 기분에 젖어서, 본질적으로는 아무것도 변화하지 못한 채 '책을 읽었다'고 착각할 가능성이 있고…… 책을 버리면 그 가능성을 검증하지도 못하고 어리석은 채로, 미숙한 채로 변모하지도 못한 채 늙어가게 된다.

더더욱 위험한 것은 그런 어리석은 상태로 '좀 더 새로운 책이면 나를 좀 더 즐겁게 해줄' 거라고 믿고 서점으로 향하는 것이다. 자기 자신에게 즐길 능력이 결여되었다는 사실은 아랑곳하지 않고 그저 새로운 대상에 자기 이상을 덧씌우기만 한다면, 결국은 소비와 폐기의 연속만 반복하는 인생이 되고 만다. 그것은 좋지 않은 이상의 형태다. 자기 성찰의 기회를 날름날름 가로채기만 하는 이상이라면, 그거야말로 버리는 게 훨씬 좋다.

오히려 책을 버리지 말고 지금 있는 것들을 다시 한 번 되풀이해 읽는 작업이야말로 나를 더욱 풍요롭게 만들어준다

사기 위해서 바릴 거면 버리지 가라.

고 생각한다. 실제로 옛날에 샀던 책들을 다시 읽어보면, 어떤 책이든 늘 새로운 발견을 하게 된다. 나 자신이 변화했기 때문일 수도 있고 나를 둘러싼 사회 상황이 변모했기 때문일지도 모른다.

가치는 나날이 변천하며 흘러간다. 보편적 진리 같은 건 있을 수 없다. 이상을 치장할 뿐인 끊임없이 갱신되는 가치를 좇을 게 아니라 이미 있는 것을 성심껏 꾸준히 사랑하는 작업을 쌓아가는 것이야말로 틀에 박히지 않은, 진정으로 자기에게 의미 있는 가치를 발견하게 해준다고 생각한다. 그러나 버리는 순간, 가치를 재발견하는 과정과 수단이 모두 사라져버린다. 그런 위험을 피하기 위해서라도 쉽게 버리지 않는 게 좋다. 뭐, 아무리 그래도 지금 이 순간 내 책상 오른쪽 구석에 놓인, 담배꽁초가 수북이 쌓인 재떨이는 슬슬 버려도 되겠다는 생각은 들지만.

02 지금 있는 것을 다시 살펴보자

버리지 않을 거라면, 사랑할 수밖에 없다. 앞에서는 책을 예로 들었는데 옷이나 문구, 가구, 조리 기구 등등 신변에 있는 것들과 다시 한 번 마주하기 위해서는 무엇이 필요할까? 그것들을 도구라는 단어로 한데 묶는다면, 책과의 차이점은 사물 자체의 변화 여부다. 물론 책도 세월이 지나면 낡게 마련이다. 몇 번씩 되풀이해 읽으면 더더욱 그렇다. 그러나 그 안에 적힌 내용은 변하지 않는다. 엮어진 문맥은 변함없다…… 앞에서도 설명했듯이, 변하는 것은 수용하는 측, 즉 독자다.

그렇지만 도구는 다르다. 도구는 물질로서의 변화(열화劣化 : 재료의 성능이 저하하는 현상 - 옮긴이)가 책보다 눈에 훨씬 잘 띈다.

상처, 마모, 오염, 녹…… 차츰 낡아가는 게 도구다. 그 과정에서 물론 도구를 쓰는 사람, 즉 유저user도 변화한다. 그러나 그 변화는 도구가 주도하는 게 아니다. 오히려 인간의 육체적·사상적·행동적 변화야말로 도구를 바꿔나간다.

만약 그것들을 내버리지 않고 진지하게 마주하려 한다면, 떠올릴 수 있는 한 가지 방법은 그 변화를 사랑하는 것이다. 색이 바랜 옷은 내 땀을 흡수하고, 내 육체의 동작에 따라 늘어나고, 내 피로를 계속 감싸준 결과, 그렇게 되고 만 것이다. 내 옷은 나의 우여곡절을, 우왕좌왕을, 간난신고를…… 나의 역사를 알고 있다. 그 사실을 아는 것이 사물과 마주하기 위한, 요컨대 버리지 않기 위한 시작점이 되지 않을까.

애착이란 말의 배후에는 시간이 있다. 지금 원고지 위를 달리는, 꿈틀거리는 지렁이 같은 글자들을 바라보는 것은 물론 내 눈이지만, 그것은 내가 고등학생 무렵부터 썼던 안경 너머에 있는 시선이다. 나이가 들면서 점점 약해지는 시력에 맞추려고 몇 번인가 렌즈를 교환했지만, 그런데도 그 존재는 늘 내 시야를 한 꺼풀 덮고 있었다(안경이 여러 개라 언제

버리기 위해 산다면 사지 마라.

어디서나 그렇다는 말은 아니지만……). 이래저래 20년 가까이 내 눈을 보완해준 믿음직한 존재다. 물론 내가 20년이라는 긴 세월을 구체적으로 느껴온 건 아니다. 매번 그런 자각을 할 수는 없다. 그러나 이렇게 이따금 사색에 잠길 때, 이 안경이 내게 빛을 가져다준다고 인식했을 때 내 가슴속에서 용솟음치는 감정은 아마 애착이라고 불러도 큰 지장은 없겠지.

일단 애착이 생기면, 쉽게 버릴 수 없게 된다. 그러나 사물인 이상, 물리적인 결손은 피할 수 없는 숙명이다. 망가진 물건까지 오래도록 소중히 간직해둔다면, 도구로서의 의미가 변하기 때문에 여기에서 내가 강조하고 싶은 부분과는 달라지겠지만(하긴, 사물이 진화해서 신앙의 대상이 되는 현상도 종종 일어나고 그런 관계도 나름 멋있다고 생각한다. 나에게도 그런 물건이 있다. 다섯 살 무렵에 부모님이 사준 미니카 같은 것), 그렇다고 해도 소중히 '쓴다'는 의미를 스스로 디자인하는 것은 나쁘지 않다. 나의 경험칙으로 보면, 아마도 스스로 수행을 행하는 것이 도구에 시간을 부여하는 요령이지 않을까. 내가 말하는 수행이란, 도구를 원래 상태로 되돌리는 작업을 지향하는 게 아니다. 도구가 낡아가는 사실을 인정하고 자기 힘으로 그 열화를 어느 정도 막으려고 애쓰는 행위를 의미한다.

안경으로 말하자면, 안경다리 부분의 수지가 너무 많이 벗겨져서 내 손으로 나뭇결무늬를 가공해 붙이는 것이다. 비전문가가 가공했기에 그 무늬가 머지않아 기름이 배어 끈적끈적해졌고, 휘거나 뚝 부러질 때도 있었다. 버리는 선택지를 망설임 없이 택하는 사람이라면, 그것은 '망가진 도구'의 증명일 테지만, 내게는 '쇠약해진 도구에 생기를 불어넣는 순간'을 알리는 일종의 고지告知인 셈이다…… 뭐, 그렇게 함으로써 나는 버리지 않고 사랑하는 길을 선택하는 것이다.

이런 관점에서 보면, 최근의 도구는 구조적으로 열화가 쉽게 드러나지 않고, 망가지면 이미 완전히 기능하지 못하는 물건이 많아져서 오래도록 함께하기 어렵다. 아이폰iPhone 같은 건 벌써 세 대째인데, 온전하거나 파손되거나 두 가지 상태뿐이라 좀처럼 사랑하기 힘들다. 열화를 긍정하는 디자인이 현대에도 좀 더 인정받으면 좋겠다고 몽상하곤 한다.

03 타인과 나를 비교하지 않는다

자, 버리지 않음으로써 '새로운 것을 원하는 이상'으로부터 도망치는 방법을 간단히 써보았는데, 이것만으로 부족하다는 것은 아마 많은 사람들이 경험으로 이해할 것이다. 소유욕에 입각하는 유형의 이상은 버림으로써 발생되는 측면이 분명히 있다. 그런데 보다 강경한 이상을 키워버리는 존재, 그것은 선망이나 동경이라는 감정이다. 누군가가 갖고 있는 것을 부러워한다, 미디어에서 접하는 선전이나 광고를 보며 좋겠다고 동경하고 만다, 그런 심리가 계기가 되어 사물을 원하는 욕망은 폭발한다.

예를 들어 나는 지금 새 팬츠를 사고 싶은 마음이 절실하다. 서른네 살 아저씨의 팬츠(억양은 편할 대로 읽어주기 바란다. 팬↓

츠든 팬↑츠든) 이야기라 미안하지만, 불편해도 계속 들어주기 바란다. 이 욕망의 유래를 냉정하게 분석해보면, 세 가지 요소로 분해할 수 있다. 첫 번째는 '팬츠가 낡았다'는 것, 두 번째는 '내가 최근에 갑자기 살이 쪘다는 것', 그리고 세 번째가 '다른 사람의 팬츠가 멋있어 보인다는 것'이다. 앞의 항목까지의 논리를 적용한다면, 첫 번째를 이유로 삼으면 안된다는 뜻이기도 하다.

나는 물건 관리를 잘한다고 자부하고 있어서, 안경뿐만 아니라 대부분의 사물은 끝까지 철저하게 사용하는 버릇이 있다. 지금 원고지 위를 삐뚤삐뚤 내달리는 글씨들은 언젠가 내 손으로 정서될 텐데, 그때 사용하는 컴퓨터는 맥북 프로MacBook Pro 12인치 2000년 모델이다. 세 번에 한 번만 부팅되지만 전혀 켜지지 않는 것도 아니고, 키보드에 표시된 문자가 모조리 지워졌지만 손가락이 기억하고 있고, 손때가 묻어 여기저기 끈적거리지만 그것 역시 촉감이 좋다고 느낀다. 어쨌거나 애착을 느껴서 계속 사용하고 있다(조금 전에 아이폰이 세 대째라고 썼는데…… 다시 말하면 최근 애플 사 제품은 예전과 달리 애착을 갖기 어렵게 디자인되었기 때문일지도 모른다).

마찬가지로 이 팬츠에도 애착은 갖고 있다. 언제 샀는지 기억조차 못하지만, 아마도 그럭저럭 사오 년은 내 하반신을 부드럽게 감싸준 우수한 팬츠다. 그러나 사물의 한계는 있게 마련이라, 불과 며칠 전에 단추 하나가 튕겨나가 어디론가 사라져버렸다. 사라진 단추를 찾거나 대체품을 사서 수선하려다 포기했다.

왜 포기했을까. 그 이유가 두 번째 요인과 연결된다. 단추가 튕겨나갔다는 사실은 내 육체의 변화를 증명한다고 생각했기 때문이다. 최근 몇 년간 나는 살이 쪘다. 의식하지 않으려 애썼지만, 역시나 육체는 언제나 정직해서 튀어나온 내 복부와 허리의 변화를 감출 수 없었고, 그러니 팬츠의 부하도 증대했겠지. 단추만 수선해봐야 내가 계속 살이 찐다면 아무런 의미도 없다. 밑단이나 길이를 줄이는 수선이라면 가능할 테지만, 살찐 내 육체에 맞게 팬츠를 크게 고치는 건 내 기량으로는 절대 불가능하다. 두 번째 이유는 첫 번째 이유에 덤을 얹듯이, 나에게 새 팬츠에 대한 욕망을 부풀리게 만드는 효과를 발휘했다.

그러나…… 진정한 의미에서 가장 큰 이유는 세 번째다.

비교는 현실에 대한 사랑을 흐려놓는다.
그러니 타인을 '나의 거울'로 삼지 마라.

모든 현실감에 대해 시작하는 흐림을 흐려놓는다.
나는 타인을 '나의 거울'로 삼지 마라.

자세한 얘기는 생략하겠지만, 얼마 전에 나는 한 남성의 팬츠를 아주 가까운 거리에서 볼 기회가 있었다. 그때 순순히 멋있다는 생각이 들어버린 것이다. 그의 엉덩이를 감싼 팬츠는 굉장히 세련되고, 매끈하고, 말쑥해 보였는데…… 내 엉덩이를 찬찬히 관찰한 적이 없으니 확증을 가질 수는 없지만, 내가 이미지로 떠올리는 내 엉덩이보다 그의 엉덩이가 훨씬 늠름하고 사나이답고 용맹스럽게 느껴졌던 것이다. 그 순간 나는 나도 지금 팬츠가 아니라 그의 팬츠, 혹은 그것과 비슷한 디자인의 새 팬츠를 손에 넣으면, 멋져 보일지 모른다는 망상을 품고 말았다. 그 망상은 내 안에서 미래의 나의 이상상理想像으로 자리 잡았다. 그래서 나는 새 팬츠를 원하고 만 것이다.

조금 더 냉정하게 생각해보자. 나 스스로 이미 지적했듯이, 그의 팬츠와 내 팬츠는 상대적으로 비교된 대상이 아니다. 어디까지나 내 주관을 바탕으로 내 팬츠를 그의 팬츠보다 열등하다고 평가했을 뿐이다. 누가 사진이라도 찍어 두 개를 나란히 늘어놓고, 상응하는 모수母數를 갖는 의견으로 내 팬츠가 그의 팬츠보다 못하다는 가치판단을 내린 것도 아니다. 나의 이기적인 사고가 딱히 누가 부탁하지도 않았는데 내 팬츠가 좋지 않다고 결정 내렸을 뿐이다.

그렇다면 나는 그와 나를 비교하지 말았어야 했다. 비교검증만 없었으면 나는 참을 수 있었을지도 모른다. 옷이 낡았느니 살이 쪘다느니 주장해보았지만, 그거야 참아야겠다고 마음먹으면 얼마든지 참을 수 있다. 그도 그럴 것이 실제로 지금도 그 옷을 입고 있으니까.

일단 한번 싹이 터버린 이상을 깨끗이 지우는 것은 애당초 이상을 품지 않는 것보다 몇 배나 힘들다. 비교는 현재 상태를 사랑하는 마음을 좀먹는 최대의 적이다. 누군가와 나를 자기 자신의 가치 기준으로 비교해버리는 순간, 선망과 동경과 질투도 우후죽순처럼 쑥쑥 자라난다. 그렇게 되면 그다음은 이상의 기치를 내건 욕망이 폭주할 뿐이다.

솔직히 나는 이번 팬츠 한 건에서 이상의 노예로 꽤 많이 전락했다. 이 원고를 끝내자마자 곧장 어느 옷가게로 뛰어갈지도 모른다. 이상을 버리라고 제안하는 당사자가 이래서야 어이가 없겠지만…… 부디 반면교사로 삼아 다음 사

항을 다시금 머릿속 깊이 새겨주길 간절히 바란다. 누군가
와 나를 비교하는 순간, 이상은 미친 듯이 날뛰기 시작한다
는 사실을.

아무리 비교해본들
결국 거기에 있는 것은
나와 별반 다를 바 없는
또 하나의 나일 뿐이다.

04 맛있다고 말하며 먹어라

버리지 않는다, 비교하지 않는다. 지금까지 이 두 가지를 이상의 업고業苦에서 벗어나기 위한 지침으로 소개했다. 타인과 나를 비교하지 않으면 선망이나 동경이나 질투 같은 부정적 감정에서 기인하는 결핍감이 일어나지 않고, 물건을 버리지 않으면 '부족하다'는 공허한 감정의 포로로 전락하지도 않는다. 이 두 가지 계율을 지키면, 자신을 괴롭히는 이상과 맞닥뜨리지 않을 수 있다.

⋯⋯이렇게 썼는데, 아니, 잠깐만. 구태여 계율을 지키라는 표현을 쓴 데에는 상응하는 이유가 있다. 버리지 않는다, 비교하지 않는다는 일종의 생활 방침, 지침을 자신에게 강하게 부과하는 것도 그 나름대로 금욕적인, 자아실현을 위

한 이상주의에 빠지는 게 아니냐는 문제 제기를 하기 위해
서다. 계율이라는 단어는 이상이 없으면 굳이 거론할 필요
가 없기 때문이다.

이상 때문에 시달리는 패턴은 이 자율과 자계自戒를 지나
치게 강화하는 데서 비롯되는 경우가 많다. '이대로는 안 된
다', '이렇게 해야만 한다'고 굳게 믿어버리면 심리적인 피
로가 사라질 리 없다. '버리면 안 된다'거나 '비교하면 안 된
다'는 식으로 자기 자신에게 주입해버리면, 결국은 이상의
노예로 전락해버린다.

그럼, 어떻게 해야 할까? 버리지 않는다, 비교하지 않는
다는 두 가지 항목이라면, 요컨대 '버리고 싶다는 생각 없이
버리지 않는다', '아예 비교하려는 생각조차 없이 비교하지
않는다'는 상황을 이끌어내면 된다. 인생을 살다 보면 코를
푼 휴지나 지우개 찌꺼기처럼 반드시 버려야 하는 상황도
발생하므로 그런 것은 물론 버려도 상관없다. 지나가는 사
람을 언뜻 보고 '와아, 키가 크네'라고 딱히 비교할 마음도
없이 비교해버리는 경우도 있을 것이다. 술집에서 동석한
지인에게 월급 액수를 들으면, 그야 당연히 누구나 자기 주

틀(규칙)에 짓눌리지 말아요.

머니 사정과 비교하고 말 것이다.

중요한 것은 마음이 이상에 사로잡히지 않게 하는 데 있다. 버리지 않는다, 비교하지 않는다는 두 가지 주제를 규칙으로 변환시키며 사로잡혀서도 안 되고, 나도 모르게 무심코 버리거나 비교해버린 것을 후회하거나 고민하며 사로잡혀서도 안 된다. 그리고 '자기를 속박하지 말라'는 제목 자체에 얽매여버려도 의미가 없듯이, 평온한 삶을 원한다면 지침은 결국 지침에 불과하다는 사실을 체득해나가야 한다. 예를 들어 회사에서 매출 목표나 개선점을 지침으로 내세웠다면, 그 지침을 염두에 두고 노력하는 자세는 중요할지 모른다. 그러나 지침을 지키기 위해 분투하는 것은 의미가 다르다.

요령은, 지나치게 의식하지 않는 것이다. 버리지 않는다, 비교하지 않는다…… 그 밖의 수많은 지침에 대해 자유로워질 수 있는 요령은 그것들을 불필요하게 자박自縛의 주제로 삼지 않는 것이다. 자유로워지기 위한 규칙인데, 부자유를 강요당한다면 본말이 전도된 셈이다. 마음가짐에서도 같은 점을 지적할 수 있다. '좋아, 무슨 수를 써서든 전신전

령全身全靈을 다해 반드시 긴장을 풀겠어!'라는 당찬 기세가 긴장 완화에는 전혀 도움이 안 되듯이, 의식화와 규칙화는 완전히 다른 작업이다.

그럼, 어떻게 하면 구애되지 않고 의식을 자유롭게 풀어 줄 수 있느냐는 얘긴데, 가장 간단한 해결책은 감사하는 것이다. 예를 들어 밥을 먹으면, 그 밥 자체에 감사한다. 밥을 먹을 수 있는 상황에 감사한다. 식재료 조달 및 가공에 관련된 사람들과 시스템에 감사한다······ 그러면 나 같은 사람은 저절로 맛있게 느껴진다. 실제로 내 눈앞에 있는 건 그 밥뿐이고, 그야 물론 다른 데는 좀 더 고급스러운 식재료를 쓴 손이 많이 간 요리가 있을지도 모르지만, 현재 내 입으로 들어가는 밥은 그 밥이다. 거기에 의혹이나 불만을 쏟아내며 먹어본들 먹기 전부터 속만 더부룩하다. 그렇다면 지금 이 순간 입으로 들어가는 밥을 맛있다고 감사하며 먹는 게 훨씬 행복하다.

감사하는 마음이 저절로 솟아나는 사고를 수련하면, 뭔가에 얽매이는 빈도는 낮아질 것 같다. 애착에 관해 서술한 부분과 중복되겠지만, 감사하는 마음으로 사용하면 사물의 내구연한도 저절로 늘어날 것이다. 감사하는 마음이 있으면, 무심코 누군가와 나를 비교했다 하더라도 불평불만이나 질투·선망의 정념이 마음을 좀먹는 위험도 줄어든다.

뭐 하긴, 그게 그리 간단한 일은 아니다. 감사하는 마음을 품고 하루하루를 살아가는 자세는 하루아침에 몸에 배지 않는다. 이런 글을 쓰고 있는 나 역시 정말로 철두철미하게 감사하고 사느냐고 묻는다면 미심쩍다. 이런 부족한 사람에게 의견을 펼칠 장을 마련해준 출판사에 감사하고, 딴짓을 하는데도 계속 고용해주는 회사에 감사하고, 어영부영 살아가는 못 미더운 아들을 너그러운 미소로 받아주시는 부모님에게 감사하고, 아무리 시간이 지나도 벌이가 시원찮은 남자친구에게 싫증도 안 내는 연인에게 감사하고…… 뭐, 이런 마음가짐으로 살아가긴 하는데, 과연 어떨까. 느긋하게 해나가다 보면 언젠가는 감사하는 자세가 몸에 배어 내게도 불혹의 마음이 자리 잡을까…….

05 손이 곧 닿을 듯한 것을 추구하지 말자

버리지 않고, 비교하지 않고, 그것을 지나치게 의식하지 않고 감사를 거듭하며 살아간다…… 이상에서 벗어나기 위한 준비 단계는 거의 이 정도다. 어느 측면에서나 실천하기가 나름 어려울지 모르지만, 흥미가 생긴다면 일단 서두르지 말고, 마음이 내키면 가능한 것부터 해본다는 정도의 자세로 도전해보면 어떨까.

제1장에서는 주로 '소유'와 관련된 이상을 버리는 방법을 제안해보았는데, 이 장의 마무리로 조금 더 진전된 사고를 펼쳐보자.

나는 결코 소유를 금하자고 호소하는 게 아니므로 마땅

히 가져야 할 것은 가져야 한다고 생각한다. 생활필수품이나 확실한 소모품 등등, 소유하지 않으면 살아갈 수 없는 것들은 반드시 소유해야 한다. 내가 피하자고 주장하는 것은 소유가 욕망의 동기 혹은 목표로 탈바꿈했을 때, 그 미래상을 이상이라 불러버릴 수 있을 듯한 자세를 선택하는 삶의 방식 자체다.

예를 들어 내가 훗날 결혼한다고 치고, 인생의 동반자와 신혼집을 그려볼 때, 소유로부터 비롯된 이상을 품으면 어떻게 될까. 부엌이 넓으면 좋겠다, 욕실이나 화장실은 최신 시설이면 좋겠다, 가능하면 신축에 가까운 상태인 집에서 살고 싶고, 2LDK(방 두 개에 거실, 식당, 부엌이 딸린 집 - 옮긴이) 정도의 공간은 준비하고 싶다…… 집에 대한 그런 소유의 사고를 이상화하며 대화했다고 치자.

그러면 나는 분명, 지금도 그런대로 열심히 일한다고 생각하지만, 현재의 내 수입으로는 도저히 위에서 말한 생활을 누릴 수 없다고 생각하므로, 보다 조급하게 성실히 일하려 할 것이다. 어쨌거나 가족을, 가족을 가진 인생의 '이상'을 손에 넣기 위해서일 테니, 불평도 못하고 핑계도 못 대고 그저 몸이 부서지도록 일할 것이다. 잘만 풀린다면 그런 노력이 회사에서 인정받아 만년 평사원에서 조금은 출세하고, 내친김에 월급도 좀 오르고, 또한 그런 변화에 우쭐하지 않고 꾸준히 저축해서 염원했던 멋진 생활공간을 손에 넣는 데 성공할지도 모른다……

아니다. 이것은 최악의 형식적인 이상이다. 이거야말로 바람직하지 않은 이상의 전형적인 예이며, 여기서 다루고자 하는 '소유와 이상의 관계에서 조금 진전된 사고'를 풀어갈 재료가 된다. 바람직하지 않은 점이 무엇인지 설명하자면, 일단 첫 번째로 '꿈꿨던 이상이 달성되지 않았을 때의 정신적 자위自慰'가 전혀 준비되어 있지 않다는 점을 들 수 있다. 이상대로 풀리지 않았을 때의 충격을 전혀 상정하지 않았다. 계획이 없다. 읽어보면 알겠지만, 표층적인 말만 반복할 뿐 알맹이는 숭숭 빈 미래상이다. 2LDK는 무슨. 웃기는 소리다.

보다 성실하게 일할 거라고 썼지만, 그러려면 어떻게 해야 하는지, 무슨 문제가 있고 무엇을 변혁해야 하는지 한마디도 언급하지 않았다는 점에서 알 수 있듯이, 아무 생각도

'조금만 무리하면 손이 곧 닿을 것 같은 꽃'은 위험해요.

없다. 그러면서도 부디 어떻게든 잘됐으면 하는 몽상만은 위세가 당당하다. 어설픈 이상에 빠져 있는 사고다. 피상적인 말로만 도배된 이상을 품었는데, 마지막에 기다리는 것은 결국 하나도 실현되지 않은, 헛돌기만 한 이상에 어깨를 늘어뜨리고 투덜투덜 불평만 쏟아놓는 인생이다.

그리고 여기부터가 본주제인데, 가장 위험한 것은 절묘하게 '손이 곧 닿을 듯한 것을 추구하는' 유형의 이상을 거론하는 태도다. 위에서 기술한 쓰레기 같은 이상을 찬찬히 다시 읽어주기 바란다. 모두 다 실현 불가능하다고 웃어넘기기는 힘들 만큼 아슬아슬한 현실감을 띠고 있다.

넓은 부엌이나 최신식 욕실은 열심히만 노력하면 내 소득으로 실현하지 못할 것도 없을 테고, 2LDK 신축도 지역만 따지지 않으면 이뤄낼 수 있는 이상일지 모른다. 게다가 '산다'고 하지 않았으니 임대할 의도일지도 모르고, 지금 당장은 주택 계약금 대출이 힘들겠지만, 가까운 시일 내에 이룰 수 있도록 첫걸음을 떼고 싶다…… 현실과 나의 역량을 제법 분별하고 있는 듯한 이런 표현에 점점 더 화가 난다.

나는 왜 나의 이상에 화를 내는가. 그 최대 이유가 바로 이 두 번째에서 기인한다. 실현 가능할 것 같은 이상을 내걸었는데 그것마저 실현되지 않는다면, 나는 결국 다시는 일어설 수 없지 않을까. 어중간한 이상은 오히려 더 해가 된다. 그렇다면 오히려 대담하게 언젠가는 수영장이 딸린 호화 저택을 갖고 싶다고 지껄이는 게 그나마 자신의 정신 건강에 도움이 된다. 그런 이상이 실현될 리 없고 불가능하다고 자각하고 있기에 망상에 사로잡히는 즐거움도 생긴다.

그러나 가능성이 있을 것 같은, 손이 곧 닿을 듯한 것을 추구하는 마음을 자신의 이상으로 삼았을 때 퇴로는 끊겨버린다. 설령 손에 넣었다손 치더라도 또다시 손이 닿을 듯한 다음 단계를 추구하는 이상을 낳을 것이다. 이상의 연쇄에 계속 쫓기며 평생 동안 자기에게 이상이라는 계율을 부과하는 생활을 완수할 각오가 되어 있다면 상관없다. 그러나 적어도 내게 그런 각오는 없다.

혹시 오해할까 덧붙이자면, 그렇다고 열심히 일하거나 조금씩 저축하는 생활을 부정하는 건 절대 아니다. 나 역시 지금 가능한 범위에서 열심히 일하려 애쓰고, 집필의 동반

소유욕을 버리면 '가졌다는' 기분이 든다.

자였던 담배도 하루 다섯 개비로 한정하고, 점심값도 절약하고, 좋아했던 라이트노벨(뭐, 이 나이에 그건 아니다 싶은 생각도 들어서)에 푹 빠지는 습관도 고치고, 조금씩 저축하고 있으니까. 그러나 나는 그런 행위에 이상이라는 이름을 가진 목표를 덧씌우지 않는다.

열심히 일하는 것은 단지 최근에 일이 즐거워서이고, 저축하는 이유는 다음 달에 낼 예정인 동인지의 인쇄비 견적이 내 예측보다 살짝 더 들기 때문이다. 모두 코앞에 닥친 문제일 뿐이고, 나는 장래를 전혀 고려하지 않았다. 그래서…… 오늘도 마음 편히 살아갈 수 있다. 이상 실현 때문에 쫓기지도 않고, 소유하지 않으니 잃을까 두려워할 염려도 없다. 나는 이미 충분할 만큼 갖고 있다. 그 사실에 감사한다. 그러므로 그것들을 버리지 않고, 남과 비교하지 않고, 앞으로도 계속 함께하며 담담하게 살아갈 수 있을 것이다…… 아마도.

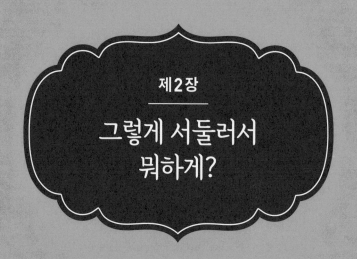

제2장

그렇게 서둘러서 뭐하게?

서두른 만큼 빨리 죽는다.

왜 그런지 모르겠지만, 다들 시간이 부족하다. 수면 시간도 적고, 일할 시간도 부족하다. 밤늦게까지 일하다 간신히 막차를 타고 퇴근하고, 다음 날 아침에도 일찍 집을 나서서 만원 전철에 시달린다. 인명 사고나 다른 원인으로 전철이 지연되면 조바심이 나고, 고객은 납기가 다 됐다고 고함치고, 상사는 굼벵이라고 질책하고, 그런 고비를 낑낑대며 간신히 넘기고 나면 또다시 다음 마감이 육박해온다…… 이런 일상이 반복된다. 아무리 세월이 흘러도 시간은 늘 부족하고, 여유는 생기지 않는다.

그렇더라도 그건 이제 어쩔 수 없다고 포기하자. 그런 시대이고, 그런 사회이며, 그런 인간 집단에 둘러싸여 있고, 나 역시 그중 한 사람이라고 명쾌하게 결론 내리자. 이 책은 사회 변혁을 주장하는 책이 아니다. 나는 그런 흉내조차 낼 수 없다. 따라서 부족한 시간은 아예 전제 조건으로 놓고 이야기를 진행하겠다.

제2장에서는 그런 '부족한 시간'에 잠식되지 않는 사고를 제안하려 한다. 결론부터 말하면, 시간을 빼앗는 최대의 적은 이상이라고 생각한다. 이번 이상은 제1장보다 훨씬 악질적이라 개인으로서는 어쩔 도리가 없는, 집단이 만들어낸 이상이다. 이 녀석은 만만치 않다. 만만치 않지만, 그것에 삼켜져 심신을 마모시킨다면 별 볼 일 없는 인생이다. '부족한 시간'과 거리를 두고, 집단과 개인 사이에 명확한 경계선을 긋고, 이상에 잠식되지 않고 나의 시간을 만들려면 어떻게 해야 할까? 그 해답을 찬찬히 찾아보자.

06 시간을 무시하자

이상은 시간을 빼앗는다. 왜냐하면 대부분의 이상은 한정된 시간 안에서 논해지는 성질을 갖고 있기 때문이다. 이상에는 대체로 골goal이 설정되어 있다. 그 골이 실현 가능하고, 또한 그 실현 가능성이 객관적으로 판단할 수 있는, 수치화하기 쉬운 것일수록 이상은 그리 멀지 않은 미래에 도달점을 설정해둔 행동 지침이 된다.

올해의 매출 목표는 전년도 대비 120퍼센트로 잡자는 유형의 이상은 통상적으로 매년 연말을 골로 규정하고, 그 시점에서의 진척으로 실현했는지 못했는지를 측정하려 한다. 프로야구 선수가 되고 싶다, 프로 기사棋士가 되고 싶다, 의사가 되고 싶다…… 아이들이 흔히 말하는(말하기를 강요당하는)

'장래의 꿈'이라는 이상 타입, 혹은 '서른다섯 살까지는 연봉 800만 엔 정도 받는 남자와 결혼하고 싶다'는 등의 이상도 조금 긴 기간이긴 하지만, 시간적인 구분이 있다.

그렇게 되면, 당연한 일이겠지만…… 내 직업적 어휘를 쓰자면, '마감'이 발생한다. 목표를 실현하기 위한 행동 범위에 시간이라는 잣대를 적용시키기 때문에 필연적으로 골까지의 거리를 시간으로 계산할 수밖에 없다.

서른다섯 살까지 결혼하고 싶어 하는 누군가의 연령이 34세 11개월이라면, 이미 일각의 여유도 없다. 잔업 따윈 내팽개치고 퇴근하자마자 거리로 뛰어나가 닥치는 대로 프러포즈를 감행하는 게 좋을지도 모른다. 반대로 아직 스물일곱 살 정도이고 일에 열중하고 있다면, 초조하게 파트너를 찾지 않고 느긋한 마음을 가져도 좋을지 모른다.

'전문직'을 갖고 싶다는 이상이라면, 좀 더 혹독할까? 대부분의 대학은 입학 연령을 제한하지 않지만, 내가 지금 의과대의 문을 두드린들 상대도 난감할 뿐이고 나도 그런 건 바라지도 않는다. 역시 20대 전반까지는 학업을 마치는 게 통상적이라는 생각도 든다. 프로 육상 선수가 되는 건 육체적인 제한이 훨씬 클 테니, 시간적인 제약은 더더욱 심할지 모른다. 서른네 살인 내가 요코하마 베이스타스의 입단 테스트 같은 걸 받겠다고 죽어라 애써본들 무리라는 건 불을 보듯 훤하다.

이렇듯 이상은 시간에 구속당하고, 동시에 이상이 시간을 구속한다. 나는 이런 사실을 딱히 나쁘다고 여기지 않는다. 시간이 유한하기에 인간은 더더욱 열심히 살아갈 테고, 마감이 없는 원고 작업은 대부분의 경우 일이 아닐 공산이 크다. 나는 취미로 아담한 동인지를 만드는데, 그것 또한 '몇 월 며칠 이벤트에 우리 서클이 참가한다'는 시간적 제약을 스스로에게 부과하기 때문에 짧은 짬도 아껴가며 책상 앞에 앉아 부지런히 원고를 쓰거나 만화를 그려나갈 수 있는 것이다.

그러나…… '등을 떠밀어주는 시간'이 고통이 된다면, 얘기는 달라진다. '이번 달 안에 계약을 열 건이나 더 따내라니, 그건 무리야!'라고 소리치고 싶어진다면, '서른다섯 살까지 결혼하려고 했는데…… 벌써 서른네 살이네, 역시 힘

'이상에 잠식된 시간'이라면 무시하자.

들까……'라며 힘없이 어깨를 늘어뜨린다면, '의사가 되려고 재수했는데 올해 떨어지면 삼수, 흐음 아무래도 이젠 포기해야 할 때가 됐나'라는 체념으로 마음이 물들 정도라면 – 시간은 유해한 존재가 될 수밖에 없다.

이번 달 안에 계약을 열 건이나 더 따내야 한다는 압박감 때문에 궁지에 몰려 괴로운 것이니, 오히려 이번 달은 충전 기간으로 정하고 정보 수집에 전념하면 다음 달에는 좀 더 큰 계약을 따낼 수 있을지도 모른다. 서른다섯 살까지 결혼하겠다고 제멋대로 제약을 만들었기 때문에 이상하게 마음이 조급해지는 것이니, 차분하게 주위를 둘러보면 지금까지 놓치고 지나친 가까운 이성의 장점을 발견할 수 있을지도 모른다. 추락을 두려워하기 때문에 실의에 빠지는 것이다. 그러니 지금은 조용히 숨어 지낼 때라고 명쾌하게 결론짓고 대범한 자세로 임하면 압박감에서 해방되어 뜻밖에 좋은 결과를 낼 수 있을지도 모른다.

물론 어디까지나 가정이고, 나 역시 반드시 그렇게 된다고 확신하진 않는다. 그러나 시간에 쫓겨서 고통스러울 바에는 차라리 시간을 싹 무시해보면 어떨까. 주위에서 재촉해도 허둥거려도 몰아세워도 신경 쓰지 않는다. 주위를 보며 '그렇게 서둘러서 뭐하게?'라고 생각할 수 있도록 해보자.

현실을 보면 대부분의 사람들이 시간에 쫓기고, 시간에 시달리고, 시간과 정면으로 맞서 싸우고 있기 때문에 '시간을 무시하는' 태도를 당당히 관철하는 데는 매우 큰 용기가 필요하다. 주위의 비난도 상당 부분 각오해야 할 것이다. 무능하다느니 우둔하다느니 하는 비난을 피할 수 없을지도 모른다. 그러나 '시간이라는 무기를 휘두르는 이상'에 마음이 죽어가는 미래를 감수할 바에는 무능하다고 무시당해도 좋으니, 시간을 웃어넘기는 태도로 살고 싶은 생각도 든다.

서두르고 있을 때는 오히려 멈춰 서자

시간이라는 알기 쉬운 지표를 내세우고 일상에 덤벼드는 이상을 버리려면 시간을 무시하자는 것이 나의 결론이고 앞에서 서술한 대로지만, 곰곰이 생각해보면 현실성이 조금 떨어진다.

회사에서 근무하다 보면 노르마norma(개인이나 공장에 할당된 노동이나 생산의 최저 기준량 - 옮긴이)는 반드시 시간과 함께 거론된다. 그 노르마를 들이밀며 "자네, 이번 달 노르마에 크게 미달됐는데, 어쩔 셈이야? 의욕은 있나?"라며 상사가 야단을 치는데, 오히려 "하하, 과장님은 아직도 그렇게 시간에 얽매이세요? 속 좁은 소리 하지 마시고, 좀 더 대범하게 살아갑시다!"라고 항변할 수 있을 만큼 배짱이 두둑하다면, 애당초 부조리한 이상의 노예가 되지도 않았을 테지만, 나로 말할 것 같으면 그렇게 위풍당당하게 무능을 관철할 수는 없다.

일단은 회사의 말석을 차지하고 있는 사람으로서 최소한 잘리지 않을 정도의 성과는 내고 싶고, 그것은 누구나 마찬가지일 것이다. 이상을 버리자는 호소는 세상을 등지는 사람이 되자는 제안이 결코 아니다. 사회 속에서 살아가면서, 동시에 이상에 휘둘리지 않는 사고 태도를 제안하는 게 이 책의 핵심이니까.

보다 중요한 것은 시간에 쫓기지 않고 시간과 타협점을 찾는 것이며, 지금부터는 그것을 실현할 수 있는 방법론을 전개해볼 생각이다.

신기하게도 시간이 남아돌 때는 그런 사실을 별로 느끼지 못한다. 반대로 시간이 부족할 때는 갑자기 용감하게 날뛰며 자기 존재를 어필하려 든다.

그 특징을 조금 더 파헤쳐보자. 시간이 없다는 걸 깨달은 시점은 이미 시간이 부족한 경우가 많다. '납기가 6개월 후라고? 흐음, 그 기간 안에 못 맞추겠는데'라고 프로젝트 초기 단계부터 느낀 사람은 미래를 판단하는 능력이 매우 뛰어난 사람이다. 대부분의 사람들은 '이런, 납기를 못 맞출지도 모르겠는데'라고 느낀 뒤에야 비로소 부족한 시간을 한탄한다.

그런데 왜 그런 일이 벌어지는 걸까? 왜 미리 부족한 시간을 예기하지 못할까? 그 이유는 간단하다. 시간을 분할하는 타입의 이상은 그것이 세워진 순간에는 그야말로 '시간 안에 실현할 수 있다고 믿게 만드는' 분위기로 가득하기 때문이다.

'좋아, 내년 공모전에는 반드시 좋은 작품을 내겠어! 라이트노벨 업계에 혁신을 불러일으키자!'라는 오만한 이상으로 불타오를 때는 시간이 얼마든지 있을 것처럼 느껴진다. 하루에 한 매만 써도 충분히 마감에 맞출 수 있다고. '신부가 되고 싶어!'라며 방긋 웃는 여자아이가 설마 '20대 후반에 출산하려면 남은 시간이……'라며 머리를 싸매고 고민하는 일은 결코 없겠지. '하아, 앞으로 1년 후면 서른 살이네'라고 혼자 중얼거리는 스물아홉 살의 생일 같은 건 소녀

조급하면
휩쓸려 간다.

시절에 도저히 상상되지 않을 것이다.

그러나 그것은 어쩔 수 없다. 인간의 부족한 상상력을 한탄해봐야 소용없다. 상상력이 풍부하면 좋겠지만, 그것마저도 이상에 중독된 잠꼬대다. 시간은 늘 촉박해진 후에야 얼굴을 내민다. 늦었다고 알려줄 때는 예외 없이 항상 빠듯해질 대로 빠듯해진 타이밍이다.

그렇다면 내가 제안하는, 마음에 가장 부담이 덜한 해결 방법은 멈춰 서는 것이다. 흘러가는 시간에 쫓겨 시달릴 바에는 이제 그 흐름을 멈추자. 서두르고 있을 때, 서둘러야만 할 때일수록 용기를 내어 멈춰 서는 것이다. 아무것도 하지 않고, 허둥대는 분위기에 삼켜지지 말고, 차분하게 한숨이라도 크게 한 번 내쉬고 털썩 주저앉는다. 오래도록 멈춰 있을 필요는 없다. 아주 짧은 한순간이라도 좋다. 회사나 학교…… 자기가 쫓기고 있다고 느끼는 장소에서 잠깐 빠져나와, 근처에 있는 공원 같은 데서 한숨 돌려보자.

외부적인 상황은 아무것도 변하지 않는다. 아니, 아무리 짧은 시간이라도 눈앞에서 흘러가는 시간에서 눈을 돌리는 것이니, 그러는 동안 급류는 격류가 되고, 머지않아 분류奔流

로 변할지도 모른다. 사태가 점점 좋지 않은 상황에 빠질 수도 있다. 그래도 멈춰 서야 한다.

멈춰 섰으면 생각해보자. 지금 무엇을 즐길 수 있는지. 지금 무엇에 사랑을 쏟을 수 있는지. 그리고 그 대상을 찾으면…… 그것을 발판 삼아 다시 한 번 흐름을 타도 좋다. 현재 상태에서 조금이라도 가치를 발견해냈다면, 분명 그것을 지키기 위해 싸울 수 있을 것이다. 흐름에 삼켜질 의의를 찾아냈다면, 흐름의 전도를 납득하는 각오가 생길 게 틀림없다.

그런데 아무것도 찾을 수 없다면? 그건 그대로 좋다. 오히려 멈춰 서는 최대의 목적은 거기에 있다. 바쁜 시간에 이유를 붙이고 그것과 함께 갈 수 있게 된다면, 그보다 좋은 일은 없겠지만, 그것이 불가능한 경우도 있다. 그것이 견뎌낼 수 없을 정도로 고통을 낳는다면, 참고 견딜 필요는 없다.

그렇게 되면, 이제는 자꾸 멈춰 서자. 흐름에서 과감하게 등을 홱 돌리자. 멈춰 서는 최대의 목적은 그렇게 함으로써 사태의 때를 놓치게 하기 위함이다. 흐름에 삼켜지지 않고, 흐름에서 벗어나 홀로 단호히 멈춰 선다. 일도, 해야 할 것들도…… 시간이라는 제약을 가진 모든 목표가 물거품이 되는 순간을 맞을 수 있도록 아무것도 하지 않는다. 때를 놓친다는 것은 시간을 휘두르는 이상과 절교한다는 의미이기도 하다. 경황없고 분주한 이상의 연쇄와 손을 끊기 위한 최선의 방법은 멈춰 서는 것이다.

주위에서는 비난할지도 모른다. 멈춰 섬으로써 격렬하게 흐르던 시간이 침체되면, 불평을 쏟아놓는 무리도 있을 것이다. 그러나 무시하자. 표면적으로는 고개를 숙이며 상황을 수습하고, 속으로는 다시 찾아온 평온에 쾌재를 부르자. 인생이, 정신이, 현실이 이상에 삼켜지고 짓눌려서 물고기 밥이 될 바에는 차라리 멈춰 서자.

난폭하게 날뛰는 시간에 들러붙은 이상을 나는 그리 대단하게 여기지 않는다. 기한이 있는 이상은 진정한 이상이 아니라는 생각까지 든다. 가짜 이상에 휘둘려서 마음이 죽어갈 정도면, 지장地藏처럼 우뚝 멈춰 서서 뒤도 안 돌아보는 게 옳다고 느낀다.

08 고전을 읽는다

　새삼스러운 말이겠지만, 앞에서 기술한 방법론 비슷한 것은 실천하기가 매우 어려울 것 같기도 하다. 평소부터 급격한 흐름에 이미 익숙해진(훈련되어버린) 심신을 갑자기 뚝 멈춰버리는 것은 너무 무모한지도 모른다. 큰맘 먹고 멈추기로 결심해도 사전에 마음의 준비가 되어 있지 않으면 오히려 다칠 수 있다.

　따라서 지금부터는 앞의 내용을 전제로 한 상황에서 좀 더 실천하기 쉬울 것 같은, 평소부터 마음을 평온하게 하는 사고 방법을, 시간이라는 급류에서 벗어나지 않고 마음을 도망치게 할 수 있는 준비 체조 방법을 소개하려 한다.

　결론부터 말하면, 그 답은 독서에 있다. 독서는 너무나 전통적인, 자극도 적고 재미도 없는 제안처럼 들릴지 모르지만, 그렇지 않다. 요즘에는 정취도 많이 사라졌지만, 본래 서적이란 정보를 집약하고, 장기적으로 보존하기 위한 매체다. 알렉산드리아 도서관에 두루마리 책자를 산더미처럼 쌓아둔 까닭은, 하루아침은 고사하고 10년, 100년이 걸려도 다 음미할 수 없는, 다 배울 수 없는, 생각이 다 미치지 않는, 막대한 지식과 지혜와 사상이 책에 있으므로 긴 시간 속에서 그것과 함께 가기 위함이다. 그런 자세, 폭넓은 시야, 깊은 내공에 존경을 금할 수 없다. 선인들의 혜지慧智는 역시 대단하다.

나에게 후세에 남을 그런 책을 저술하거나 편집하는 능력이 있느냐 없느냐 하는 문제는 제쳐두고, 이왕 책을 읽을 거라면 그렇게 아주 오랜 옛날에 엮인 것들을 깊이 있게 느긋이 즐기라고 권장한다. 막대한 시간을 지나온 서적들에 적힌 말은 오랜 세월 거기에 개입한 수많은 사람들의 지식, 사상, 사고, 검증을 초월해온 힘이 있다. 그 힘과 강건함을 책에서 나눠 받는 것이다. 그러면 시간에 대한 마음가짐도 책에서 배워서 묵직하고 차분해진다는 게 나의 지론이다.

'모른다'는 것 또한 현실을 사랑하는 이유가 된다.

이왕 말이 나온 김에 확실하게 구체적인 문장을, 의미가 깊어 보이는 문장을 골라 소개해보겠다. 소개할 만한 내용은 얼마든지 많지만, 일단 여기에서는 내가 좋아하는 중국 고전에서 골랐다.

十人則十義, 其人滋衆, 其所謂義者亦滋衆.

열 사람이면 열 가지 주장, 사람이 점점 많아지면 이른바 그 주장 또한 점점 더 많아지니.(『묵자』「상동상尚同上」)

＊필자 의역 : 십인십색＋人＋色. 천 명이 있으면, 천 가지 가치관이 있다.

기원전에 쓰인 글이다. 십인십색이라는 말의 기원일 테지만, 어쨌든 대단하다. 이제 와서 다이버시티diversity니 뭐니 호들갑을 떠는 게 부끄러워질 정도로 인간의 다양성, 사회의 다양성을 이미 오래전에 갈파喝破했다. 이런 말이 있기에 묵자가 설파하는 반전反戰, 겸애兼愛도 설득력이 높아진다.

전쟁 법안 반대니 원자력 발전 반대니 큰 소리로 떠들기만 하는 요즘 사람들은 '十人則十義'를 전혀 이해하지 못한 것이다. 여당 정권에는 여당 정권의, 원자력 발전 추진파에는 원자력 발전 추진파의, 양쪽 다 흥미도 관심도 없는 사람에게는 그런 사람 나름의 주의가 있는 것이다. 그것을 분간하지 못하고 어떻게 평화를 실현할 수 있겠는가. 묵자를 1,000분의 1이라도 닮을 수 있다면 얼마나 좋을까.

이런, 이야기가 샛길로 빠져버렸다. 다른 예도 들어보자.

當死不懼, 在窮不戚, 知命安時也.

죽음에 당면해도 두려워하지 않고, 궁핍해도 걱정하지 않고, 천명을 알고 자연의 시운에 따른다.(『열자』「역명力命」)

* 필자 의역 : 죽음의 위험이 닥쳐도 두려워하지 않고, 궁핍해도 불평하지 않고, 세월의 흐름에 몸을 맡긴다. 이 얼마나 마음 편한 삶이런가.

도가道家에서 손꼽히는 열자의 말. 이 경지가 어떠한가. 달관이란 그야말로 이런 자세를 두고 하는 말이다…… 나는 이 경지와 거리가 아주 멀지만.

'위험해', '이대로 가면 큰일 나'라고 항간에서 불안을 부채질하고, 그걸 구실로 강압적인 이상을 내걸고 노력을 소비시키려 하는 구조가 최근 몇십 년간의 일본풍 자본주의의 실상이다. 『열자』를 읽으면 당장 그 시시한 고리에서 빠져나오고 싶은 생각이 절실해진다. 죽을 때가 되면 죽고, 가난한 것은 가난한 것이고, 모든 게 그렇게 되도록 정해져 있다고 생각하면 마음 편히 살아갈 수 있다. 내가 이 책에서 거론하고 싶은 부분과 완전히 합치되는 내용이다.

物無非彼, 物無非是.

사물은 저것이 아닌 게 없고, 사물은 이것이 아닌 게 없다.(『장자』「제물론齊物論」)

* 필자 의역 : 모든 사물은 '저것'이자 '이것'이기도 하다.

『장자』에서 인용한 구절인데, 이것도 지친 머리를 단숨에 풀어주는 명문이다. 내가 이거라고 생각한 것은 누군가가 보면 저것이며, 그 누군가가 '이거다!'라고 느낀 것이 나에게는 '저건가?'가 된다…… 이런 식으로 해석해보면, 가치관에 구애되는 어리석음을 훤히 알 수 있다.

이상 역시 가치관의 아종亞種이라면, 까딱 실수로라도 옳고 그름을 판단하면 안 된다는 걸 알 수 있다. 요컨대 강요당하는 것도, 누군가가 준비해주는 것도 사리에 어긋난다.

내가 보고 있는 가치는 누군가에게는 가치가 아니고, 그 반대도 당연히 똑같다고 자각한다면, 어깨에 짊어진 짐의 무게도 상당히 덜어진다.

이렇게 세 가지 정도 예를 들면서 그럴듯하게 서술해보았는데, 이것이 바로 고전을 읽는 의미다. 옛것은 오래되어 남아 있는 게 아니고, 꾸준히 거론될 가치가 있기에 몇천 년이 지나도 여전히 사색의 장을 제공해주는 것이다.

다만, 위에서 기술한 책 소개 방식은 매우 바람직하지 않다고 나는 생각한다. 책 내용 중 일부를 발췌하고, 게다가 필자가 한 말을 제멋대로 요약하고 정통한 듯이 문장을 설명하려 드는 것은 니체가 말한 '최악의 독자'다. 실제로 묵자도, 열자도, 장자도 한 행만 달랑 남긴 게 아니다. 훨씬 많은 잘 연마된 말, 깊이 있는 문장, 폭넓은 문장을 엮어서 편찬했다. 독서가 마음을 안정시키는 분위기로 이끌어주고 시간의 급류에서 몸을 지키는 기술이 된다면, 알기 쉽고 읽기 쉽게 한 행만 뽑아낸, 그야말로 현대 일본풍의 편집 방법을 쓰면 안 된다. 지면 사정 때문이긴 하지만, 어쨌든 반성한다.

위의 사례에 조금이나마 흥미를 갖는다면, 부디 원전을 접해주기 바란다. 원전을 수록한 책은 하나같이 제본이 두툼해 보이고 도서관에서도 인기가 없을 법한 자리에만 놓여 있지만, 접해볼 가치는 충분하다. 재미있다고 느끼면, 헌책방에만 있겠지만 사서 읽어보는 것도 좋을지 모른다. 책값도 비쌀 테고 이해하기 쉽지 않을지도 모르지만, 바로 그런 까닭에 해석에 시간을 들이는 만큼 언제까지고 오래오래 즐길 수 있다. '이해하기 쉽지 않다'는 것은, 사실은 멋진 것이다.

09 자연을 즐기자

오랜 세월 존재한 것을 접함으로써 조급한 시간과 결별하자고 주장하자면, 물론 서적 말고도 훌륭한 대상은 있다. 예를 들어 자연은 대부분 상당한 세월을 거쳐 존재하며, 인간 세상의 시간과는 상대도 안 되는 규모인 경우가 허다하다. 도시에서 생활하면 좀처럼 알아채기 힘들겠지만, 찾아보면 못 찾을 건 없다.

그러므로 지금부터는 자연을 즐김으로써 시간과 거리를 두는 사고에 관해 생각해보고자 한다. 갑갑한 이상에 쫓겨 일상에서 피로를 느낀다면, 현실에 있는 자연을 사랑하자. 자연은 우리에게 눈길조차 주지 않으니, 우리 역시 마음 편히 대할 수 있다. 인간이 만들어낸 게 아니기 때문에 신앙이니 작법이니 까다롭게 따지지도 않으므로(인간의 손때가 묻은 '자연'은 시끄러울 때도 있지만……) 마음이 더 피폐해질 염려도 없다.

자 그럼, 그런 자연과 어떻게 접해야 할까? 대자연이라는 간판을 세워버리면, 준비가 많이 필요해진다. 어중간한 태도로 임하면 위험도 커지고, 위험을 회피하려 들면 경제적·육체적 부담도 커진다.

나도 등산 같은 건 좋아하지만, 산에서 경거망동한 행동은 용서받지 못한다. 만반의 준비를 해야 하고 최소한의 육체적 요소도 필요하니, 그리 간단한 행위는 아니다. 바다도 그렇겠지. 나는 수영을 잘 못해서 최근 10년간은 바다에서 논 기억이 없지만, 바다를 제대로 만끽하려면 산보다 훨씬 더 위험할 것이다. 장난스럽게 다가설 수 없다는 것만은 안다.

지금 당장 자연을 즐길 수 있는 방법을 들자면, 역시 산책을 꼽을 수 있다. 고작 회사 주변의 자연……이라고 받아들일 수도 있겠지만, 놀랍게도 위를 올려다보니 파란 하늘이 펼쳐져 있지 않은가. 산에 푸르게 우거진 초목보다 더 오래전 시대, 고생대나 쥐라기 같은 끝도 모를 머나먼 과거부터

이상들에 에워싸이면

빨리 도망치는 게 좋다.

하늘은 엄연히 그 자리에 있었다. 그러니 자연을 즐기고 싶으면 고개만 쳐들면 된다.

고층 빌딩들 사이로도 하늘은 볼 수 있다. 언제나 맑게 개어 있진 않을 테고, 비가 오는 날이 있는가 하면 흐린 날도 있겠지만, 그것도 음미하려 마음먹으면 음미할 수 있다. 평평하게 보이는 하늘이 있는가 하면, 깊이감이 느껴지는 하늘도 있을 것이다. 이쪽의 마음 따윈 별 가치가 없다. 그냥 거기에 있는 하늘을 있는 그대로 바라보면 된다.

손이 닿지 않는 곳에 있어서 도무지 자연을 즐기는 기분이 안 든다는 의견도 있을지 모른다. 그 말이 맞을지도 모르지만…… 애당초 자연을 접한다는 생각 자체가 환상이다. 자연은 접할 수 없다. 산에 오르든 바다에서 수영을 하든 인간이 접한다는 기분이 들 뿐, 자연 쪽에서는 가려움조차 느끼지 않는다고 해야 할까. 인간이 그 표층에서 아무리 꼼지락거려본들 강대한 그쪽은 아무런 느낌도 없다.

오히려 훨씬 겸허하게, 장대하고 심대한 자연의 품에서 잠깐 공간을 빌린다는 태도를 취하면, 자신이 왜소한 존재임을 자각할 수 있다. 자각할 수 있으면, 왜소한 존재의 분잡한 활동에 과연 얼마나 의미가 있을까 하는 기분도 든다. 그런 기분이 들면…… 모든 게 하찮다고 단호하게 결론 내리고, 표표히 접할 수 있을지도 모른다.

뭐 하긴, 분잡한 활동의 성공과 실패로 밥을 먹고 사느냐 못 사느냐가 정해지니 소홀히 여길 수는 없겠지만, 마음속 어딘가에서 나는 아무래도 좋은 미미한 존재라고 믿을 수 있게만 된다면, 이상을 방치하는 것도 가능할 거라고 생각한다.

자연을 즐기자고 말하면 마치 인간이 우위에 있는 듯한 표현일지 모르지만, 그렇더라도 자연에서 활력을 얻어서 즐길 수 있는 거라는 분별력만 있다면, 자연 속에 있는 작은 자신을 언젠가는 발견할 수 있을 것이다.

10 자기 시간을 만든다

휩쓸리지 마라, 흘러가라. 시간과 마주할 때, 주체적으로 선택할 수 있는 태도를 갖추는 최적의 해답은 이것일지 모른다. 멈춰 서도, 책을 읽어도, 자연을 즐겨도 결국 시간은 멈춰주지 않는다. 혼자 대항하려 해본들 주위의 반박은 피할 수가 없다.

그런 반박을 아랑곳하지 않고 흘려 넘기는 기량이 배양된다면 그보다 좋은 일은 없겠지만, 갑자기 그렇게 강한 인간이 되는 건 무리다. 고전을 읽고 친숙해짐으로써 시간에 대한 강한 마음가짐을 기르는 것도 실은 시간이 걸리는 과정이라 지금 당장 마음의 안정을 찾고 싶은 사람에게는 권할 수가 없다.

그렇다면 시간을 무기로 내세운 이상을 거절하는 최종 수단은 자기 의지로 시간에 몸을 떠내려 보내는 거라고 제안하고 싶다. 누군가가 시간을 규정하고, 설계하고, 디자인한다. 그렇게 구분된 시간에 대항할 수단이 없다손 치더라도 힘없이 어깨를 떨구지 말고, 고개를 들고, 자신의 시간으로 대처한다. 상대가 어떤 시간 배분을 상정했든 이쪽은 이쪽의 시간으로 응하는 것이다.

그런 작업을 쌓아나가면, 옆에서 볼 때는 그냥 시간에 따르는 것으로만 보일지 몰라도 자기 안에는 어떤 의지가 있다고 당당히 가슴을 펼 수 있을지 모른다.

구체적으로 생각해보자. 예를 들어 회사에 '월말까지 반드시 마무리해야 하는 업무'가 있다고 상정해보자. 남은 시간은 앞으로 3주. 상사는 물론이고 프로젝트 팀장까지 내가 포함된 팀에 줄줄이 지시를 내린다. 자네는 다음 주까지 ○○을 해, 그쪽은 5일 안에 ○○을 마무리 지어……. 어디에서나 흔히 보는 광경일지 모른다. 누구나 하고 있는 업무의 흐름일지 모른다.

거기에 확실한 자기 의지를 엮어 넣는다. '역시나. 하지만 나는 이번 주 내내 정시에 퇴근할 생각이야. 하루 노동시간은 점심시간을 빼면 여덟 시간. 회의나 진행 중인 별건 등을 고려하면, 지정된 작업에 쓸 수 있는 시간은 하루에 세 시간이겠군. 다음 주까지로 보면, 세 시간×5일로 치고, 열다섯 시간에 끝낼 수 있느냐 없느냐는 문제인데……'라고 생각해도 좋다. 일의 성패를 미리 알 수 있으면 최고겠지만, 그건 어렵더라도 작업 공정 일정에 대해 미리 자기 시간을 설정하는 과정은 반드시 밟아보자.

자기 시간을 설정하는 행위는 단적으로 말하면, 시간의 주도권이 나에게 있음을 확인하는 의미와 같다. 하루의 대부분을 회사에서 보내는 것 같은 기분이 들기 때문에 자기도 모르게 회사가 설정한 시간이 가장 중요하다고 믿어버리기 쉬운데, 그것은 착각이고 하루를 살아가는 주인공은 다름 아닌 나 자신이다. 어쨌든 주체는 바로 나다. 시간에 대해 자기주장을 하기 위해서는, 뭔가 이유가 없으면(회사가 아니라) 스스로를 납득시키기 어려울 테니 뭐든 준비해보자.

예를 들면 수면 시간. '건강을 위해 여섯 시간은 자기로

스스스

여기는 내 시간!

한다'는 주장은 누구에게 손가락질을 당할 일이 아니다. 막차 시간까지 시간외근무를 하고, 다음 날 아침에도 9시 전에 출근해야 해서 제대로 잠잘 시간도 없다면, 그것은 업무쪽이 더 이상한 것이다. 이상한 것을 위해 자기 몸을 희생할 필요는 없을 테니, 결국 수면 시간을 이유로 자기 시간을 설정하는 것은 옳은 판단이 된다.

그러나 잠은 참을 수 있고 조금 부족해도 죽지 않는다는 빤한 진실을 누구나 잘 알고 있기에 무심코 수면 시간을 줄이는 경향이 있다. 건강 지상주의자라면 당당히 '자겠다!'고 말하겠지만, 주위를 둘러봐도 그런 사람은 별로 없다(건강 중독자인데도 잠은 뒤로 미루는 사람이 많다. 왜 그럴까?).

'가족을 위해서'라는 명분도 이유로서 적절하다. 회사 업무로 시간을 뺏기면 가족과 함께할 시간이 줄어든다. 나에게는 가족과 함께하는 시간이 중요하다는 이유를 준비하고, 자기 시간을 설정하는 것은 도의적·윤리적·사회적으로 크게 잘못된 자세는 아니다. 그러나 이것은 수면 시간보다 훨씬 더 받아들여지기 힘든 이유일지 모른다. 적어도 오늘날 적극적으로 긍정, 장려되는 태도로는 보이지 않는다.

내 주위에는 '원고 교정' 때문에 '데이트가 취소됐다', '결혼기념일 저녁식사 약속을 취소했다', '딸이 초등학교에서 다쳤는데 바로 데리러 가지 못했다', '큰아들 생일 파티인데, 집에 갔더니 가족이 모두 자고 있더라' 등등 다양한 사례의 체험자가 이루 말할 수 없이 많다. 혼자 사는 독신자로서 별다른 의견을 내세울 순 없지만, 그들이 가족과 지내는 시간보다 일하는 시간을 우선시했다는 사실만은 분명해 보인다. 개인적으로는 이건 아니다 싶더라도 그런 말을 입 밖에 당당히 낼 수 없는 분위기가 여전히 뿌리 깊게 남아 있다.

건강도, 가족도 자기 시간 설정에 약한 이유라면(적어도 나 같은 사람에게는 약하다), 내가 권하는 최고의 '자기 시간'은 말 그대로 '자기를 위한 시간'이다. 좀 더 깊이 있게 들어가면, '나만 할 수 있는 것을 내가 하기 위한 시간'이다.

예를 들면 나는 취미로 만화를 그린다. 만화라고 부를 수도 없을 만한 아마추어의 손장난 수준이지만, 내 나름대로는 즐거워서 진지하게 그린다. 그것을 가끔 동인지 즉석 판매회 같은 각종 이벤트에서 발표한다. 이벤트가 열리면 책자 형태로 묶어서 파는 것이다. 나 같은 아마추어가 그린 만화인데도 이벤트 때마다 열 권 정도 팔리곤 한다. 동호회 동료들이, 일단은 의무가 아니라 재미있을 것 같다고 느껴서 사주는 것이다. 그런 희박한 소수 사람들의 기대를 저버리지 않기 위해서라도 이벤트 전에, 구체적으로는 책자를 만들기 위해 인쇄소에 원고를 입고하기 전에는 예외 없이 그 작업에 전력을 쏟는 시간을 갖는다.

물론 회사 일은 절대 게을리하지 않는다. 회사 일이 정말로 절박한 상황이라면, 회사를 위해 전력으로 시간을 쓴다. 그러나 늘 염두에 두는 것은 '내가 만화를 그리는 나만의 시간'이다. 이것을 소홀히 여기지 않고, 예정에 반드시 포함시키고 주어진 시간과 마주하려 한다. 구체적으로는 '잠들기 전 한 시간가량 종이에 긁적긁적 펜을 굴리는 시간'을, 자기 시간을 설정하는 이유로 삼고 있다.

이런 시간이 있어서 나는 휩쓸리지 않는다. 사회의 거센 물결에 삼켜져도 그 짧은 시간이 있기에 나는 내 시간을 중심으로 주위의 시간을 측정할 수 있다. '이런, 오늘은 막차 시간까지 일해야 회사 일이 고비를 넘기겠는데. 수면 시간

'나의 시간'을 자유롭게 쓰면,
현실이 사랑스러워진다.

은 줄어들겠지만 어쩔 수 없지, 한밤중의 한 시간은 나를 위한 시간으로 쓰자'는 식으로.

　다른 사람들에게는 그저 취미 활동에 시간을 쓰는 것으로 보일지 모르지만, 나에게는 주체적인 삶을 보강하는 중요한 의식이다. 고작해야 아마추어 수준의 만화나 그리는 비생산적인 시간이라고 비웃어도 좋다. 그러나 제아무리 비웃어도 그런 시간이 있기에 나는 휩쓸리지 않는다. 이를 악물고 마음의 의지처를 만든 덕분에 가까스로 현실을 사랑할 수 있는 것이다. 그런 시간이 사라진다면…… 나는 그냥 다람쥐 쳇바퀴 속으로 굴러떨어진다. 나는 시간을 소비하는 기계가 되면서까지 사회 속에서 한 자리를 차지하고 싶은 마음은 전혀 없다.

　뭐, 나의 사례가 참고가 되느냐 안 되느냐는 제쳐두더라도, '자기 시간'은 이상에 짓눌리지 않기 위한 중요한 요소다. 취미든 삶의 보람이든 가족이든 상관없으니, 그것을 고안해내려는 사색은 도전해봐도 손해를 보지는 않을 것이다.

제3장

'대단한 사람'이
못 돼도 괜찮다

지금 이대로 변하자.

제1장에서는 소유에, 제2장에서는 시간에 각각 잠재된 이상이 소리 없이 다가오는 시점에 대해 서술해보았다. 그에 따른 대책 등을 이것저것 생각해보았다. 그런데 굳이 따진다면, 지금까지 거론한 이상은 주로 외부에서 나타난 종류에 편향된 것 같다. '갖고 싶지?'라는 속삭임도, '시간 없어, 그러다 늦어'라는 재촉도 모두 당사자 주변에서 만들어낸 이상이 주체다. 그렇기 때문에 스트레스도 생기기 쉽다.

그런데 그런 것이 아니라 당사자 내부에서 쑥쑥 소리를 내며 자라나려 하는 이상은 과연 어떠할까? 나는 이 책의 서문에서 이상은 소중하다고 썼다. 이상은 인간을 성장시키는 측면이 있다고 단언했다. 그렇다면 강요된 이상이 아니라 자기가 자발적으로 만들어낸 이상에는 위험이 없을까?

결론부터 말하면, 나는 그렇지 않다고 생각한다. 이상은 소중하고, 성장의 밑거름이 된다는 사실에는 의심할 여지가 없다. 한편 그런 자발적·자강自强적 이상이 반드시 당사자(와 그 주변)를 행복하게 해준다고 장담할 수 없다는 것도 알고 있다. 이상을 버리자, 현실을 사랑하자고 호소하기 위해 이 책을 엮은 가장 큰 이유도 거기에 있다. '이상을 갖고, 이상을 향해 매진하고, 이상을 실현하는 대단한 사람'이 못 되더라도 인생은 얼마든지 즐길 수 있고, 하루하루를 적극적이고 긍정적인 자세로 살아갈 수 있다. 그와 동시에 이상에는 상응하는 리스크도 늘 따라온다. 이번 장에서는 특히 그런 사실을 지적하고, 그 위험을 피하기 위해 현실로 눈을 돌리는 방법론을 중점적으로 살펴보겠다.

11 '불가능'을 자각하자

누군가가 자살하면 예외 없이 자살한 인물이 속해 있는 조직, 즉 학교나 회사 등에서 일정 등급 이상의 직위를 가진 사람에게 책임을 묻는 경향이 있다. 신문 보도나 뉴스를 볼 때마다 너무 이상한 구조라고 느낀다. 그도 그럴 것이 자살의 책임은 다른 누구도 아닌 자살한 당사자에게 있기 때문이다. 본인이 본인의 의지와 각오와 결의를 갖고 자신이 책임을 지는 행위로 자살하는 것이다.

뭐 하긴, 자살한 후에 파생되는 여러 문제에 대한 책임은 지지 않는다……. 책임을 지지는 않지만 구조상, 뛰어내리려고 역 플랫폼으로 가거나 밧줄을 준비해 단단히 묶거나 수면제를 사거나 연탄을 구입하거나…… 이런 다양한 액션 더 이상은 무리야.

은 모두 당사자의 책임하에 이행된다. 자살 전과 후의 당사자성이 완전히 달라져버리기 때문에 혼동되기 쉽지만, 자살하는 행위 자체는 자살한 본인의 책임하에서만 가능하다. 그렇지 않다면 그것은 살인 사건이다.

자살에는 두 가지 단계가 있다. 먼저 현시점에서 이상이 이뤄질 수 없다고 판단하고 자살을 시도한다. 두 번째는 새로운 이상의 구현으로 자살을 실행한다. 집단 괴롭힘으로 인한 자살을 예로 들어 이 구조를 생각해보자.

학교 같은 곳에서 괴롭힘을 당하다 어린 나이에 스스로 목숨을 끊겠다고 결심하는 그들의 경우는 처참하기 이를 데 없다. 정신적·육체적으로 감당해야 하는 폭력 때문에 그들 중 대부분은 정상적인 사고력을 유지할 수 없다. 그들은 이 세상에서 가장 비열한, 희망을 송두리째 앗아가는 유형의 범죄로 인해 차츰 궁지로 내몰린다. 그리고 절망적인 심리 상태에서 몇 가지 이상을 그려본다. 그런 이상들은 매우 소박해서 대부분은 평온한 생활이나 매우 건강하고 상식적인 범위 내에서 허용되는 쾌락으로 가득한 미래다.

그와 동시에 그들은 머릿속에 그린 이상이 절대 실현되지 않을 거라고 깨닫고 만다. 사실은 주위에서 그 실현을 가로막고 있지만, 그들은 그 사실도 포함해서 그 이상은 어쨌거나 자기 힘으로는 닿지 못할 곳에 있다고 생각해버린다…… 희미하게 남은 자의식의 한 자락으로. 그러다 남겨진 최후의 사고력을 짜내어 자기가 이 현실에서 사라지는 상황을 떠올린다 - 죽음이라는 이상을 손에 넣는 것이다.

그런 이상이라면 자기 능력의 범위 내에서 책임질 수 있고, 또한 실현 가능하다고 깨달았을 때 그들은 자살한다. 책임을 지기 위해서라는 전근대적인 사상에 바탕을 둔 자살(예를 들면 할복)이 아닌 한 죽고 싶지 않은데 자살하는 사람은 없다. 대부분은 죽고자 해서 죽는 것이다. 낡은 이상에 이별을 고하고, 새로운 이상을 손에 넣기 위해 죽는다 - 이보다 슬픈 일은 없다.

그러한 비참한 결말을 맞지 않는 최선의 대책은 이상을 처음부터 버리는 것이다. 이상 따윈 애당초 품지 않으면 된다. 평온한 생활 같은 건 존재하지 않는다고 스스로를 타이르고, 주위 사람과 사이좋게 평화롭게 사는 건 그림의 떡이라고 미리부터 각오하고 있으면, 어떤 사사로운 이상도 품지 않을 수 있다. 물론 그것은 상당히 괴로운 일이다. 그러나 그 괴로움을 받아들이지 않으면, 죽음이라는 이상이 고개를 쳐들고 만다. 삶과 죽음을 저울질하는 동안(저울질하며 삶이 더 멋지다고 판단할 수 있는 동안), 과감하게 이상을 버리는 게 자살에서 멀어지는 지름길이라는 걸 나는 몇몇 체험에서 실감했다. 그러면 비참한 현실에 대처하는 방법이 저절로 떠오른다.

이상을 버리지 못하면, 괴롭힘을 당한다는 이유만으로 '학교를 그만두는' 선택을 내리기는 좀처럼 힘들다. 여전히 마음속 어딘가에 괴롭힘이 사라져서 풍파 없는 생활을 손에 넣을 수 있는 날이 올지도 모른다는 이상을 품어버리면, 마지못해 학교에 계속 다니게 된다. 그러면 안 된다. 마음만 괴롭다.

단호하게 결심하고 이상을 버리자. 이상을 버리는 용기야말로 갖춰야 한다. 평온무사한 학교생활 같은 건 이젠 누릴 수 없다고 스스로를 타이르자. 지극히 평범하게 학교를 졸업하고, 모두 그렇듯이 고등교육 과정을 거쳐서 대학을 졸업하고, 회사에 취직하고…… 그런 평범한 이상은 이제 상관없다고 과감하게 결론짓고 살아가자.

군이 학교에 다니지 않더라도 얼마든지 배울 수 있다. 그 것은 결코 쉬운 길이 아니고, 자기 혼자 힘으로 만들어가야 만 하는 길이며, 그것이 보통 사람들과는 다른 길임이 명확 하다 해도…… 죽는 것보다는 훨씬 낫다는 걸 깨닫자. 그것 을 견뎌내고 살다 보면 언젠가는 깨닫는다. 대학을 나오든 못 나오든 평범하게 살 수 있다는 것, 대학을 졸업하고 곧바 로 취직이 되든 안 되든 살아가는 데 필요한 돈은 충분히 벌 수 있다는 것, 남들과 다른 길을 걷든 안 걷든 인생은 즐겁 다는 것…… 이런 사실을 확실하게 이해할 수 있게 된다. 살 아만 있다면.

그러므로 이상이 살아가는 데 족쇄가 된다면, 재빨리 이 상을 버리자. 자신의 무능함이 어이없거나 주위의 심술을 원망하거나 환경이나 처지에 불평을 쏟아놓고 싶어질지도 모르지만, 그래도 괜찮다. 괴롭힘이라는 업고에서 빠져나 와 학교를 그만두고 혼자 있는 시간을 충분히 갖다 보면, 언젠가는 그런 감정적 동요도 가라앉는다. 대부분은 아무래도 상관없게 된다.

내가 아는 한, 학교에서 확실하게 벗어나고 눈앞에 닥친 자살에서 멀어진 뒤에도 여전히 불평불만을 쏟아놓는 사람은 마음속 한구석에 여전히 이상을 품고 있기 때문이다. '나를 괴롭힌 녀석들은 태평하게 중학교를 졸업하고 고등학교에 진학해서 대학까지 들어갔고, 수월하게 취직했나 싶더니 결혼해서 아이까지 있는데, 괴롭힘 때문에 중학교를 졸업하지 못한 나는 고등학교도 못 가고, 대인공포증 때문에 집에만 틀어박혀 있고, 결국 자발적 실업자가 되어 오늘도 혼자 인터넷 서핑만 하고 있다니! 이건 너무 불합리해!'라는 울분에 사로잡힌 채로 나이가 들어버린다면, 그것은 이상에 계속 미련을 품어온 자기 자신을 원망해야 할 것이다.

학교를 그만둔 단계에서 일찌감치 이상을 버렸다면, 묵묵히 눈앞의 현실에 대처할 수 있었을 것이다. 지금 무엇이 부족한지 생각했다면, 스스로 배우는 길도 열 수 있었을 것이다. 이상에 매달리는 걸 그만둔 이상, 괴로운 현실이 더욱 괴로워졌다고 발견할 수 있다면, 일하는 길도 보였겠지.

나에게는 능력도 노력하는 재능도 없다는 걸 일찌감치 (표면적으로만이 아니라) 자각할 수 있다면, 겸허하게 조용히 할 수 있는 것, 해야 하는 것의 길이 눈에 들어온다. 이상에 매달려, 할 수 있을 것 같은 마음에 사로잡혀 시간을 허비하는 게 가장 위험하다고 생각한다.

12 책임이라는 명목하에 과도하게 애쓰지 말자

앞에서 나온 '책임'이라는 말은 굳이 나누자면 주체가 자기에게 있는 종류의 책임이다. 스스로 능력의 유무를 판단하고, 스스로 가능한지 불가능한지 판별하고, 스스로 할지 안 할지 결단을 내린다……. 그런 책임은 사실 여간해서 눈에 드러나지 않는다. 적어도 외부에서는 판단하기 어렵다. 혹은 앞에서 예로 들었던 자살에서도 언급했듯이, 책임 소재가 당사자에게는 없는 것 같은 오해가 왜곡된 사회의 윤리에서는 버젓이 통용되는 경향이 있어서인지, 당사자성을 명확히 밝히기 힘든 사정도 있다.

그런데 그런 주관적인 책임과는 대조적으로 누군가가 준비해둔 책임은 밖에서도 쉽게 확인할 수 있다. 그 책임이 나를 찾아왔다 해도, 그리고 그것을 이행하는 사람이 나라고 해도 애당초 발단이 자발적이지 않았다면 객관성을 담보하기가 용이하기 때문이다.

구체적인 예를 들어 생각해보자. 나는 출판사에 근무하는 편집자다. 담당이라는 말이 의미하듯이, 어떤 신간 서적을 기획한 경우 나는 그 타이틀에 대해 담당 편집자로서 책임을 진다. 저자에게 일정대로 원고를 받아내고, 그것을 정리해 편집디자이너에게 넘기고, 서점 홍보용 POP를 만들고, 온라인 서점에 홍보할 책 소개 내용을 한동안 고민한다……. 담당 편집자로서 여러 작업에 대한 책임을 지게 된다.

나의 상사인 편집장이나 영업부장은 내가 담당하는 간행물이 회사 방침에 맞는지, 상식적인 예산 범위 내에서 움직일 수 있는지를 판단하거나 결정 내리는 책임을 진다. 나아가 그 위의 사장은 그렇게 만들어진 간행물이 세상에 나갔을 때, 사회에 대한 책임을 진다. 그 간행물로 인해 무슨 중대한 사고가 발생한다면, 최종적인 책임은 출판사 사장이 진다.

물론 사고의 원인이 현장에서 작업을 진행했던 나한테 있다면 내게도 책임은 있다. 반대로 엄청난 성공을 거둔 경우도 좋은 책을 편집한 책임, 팔린 책임, 돈을 번 책임을 나와 상사, 사장이 끌어안게 되지만 - 이런 경우에는 왜 그런지 책임이라는 단어는 사용하기 힘든 것 같다. 공로나 성공 같은 긍정적인 어휘로 대체될 때가 많다. 책임이라는 두 글자가 너무 부정적으로 쓰이고 있는지도 모른다 - 어쨌거나 위에서 서술한 내용은 지극히 당연한 업무 방식일 뿐이다. 딱히 편집자에 한정되지 않고, 대다수의 노동자는 엇비슷한 책임의 흐름을 피부로 느끼며 하루하루 근무에 전념하고 있을 것이다.

알아줬으면 하는 점은, 사회라는 것은, 특히 회사라는 것은 책임을 나누기 위한 조직이라는 것이다. 리스크를 집단으로 분산시키는 대신 메리트도 서로 공유한다. 아마도 인류가 정착 생활을 시작한 무렵부터 이미 상식이 된 개념일지 모른다. 그것을 거부한다면, 혼자 살아가야 한다. 자기 혼자 힘으로 수렵·채취 생활을 해나가는 게 매우 고되다는 걸 태곳적 인류가 깨달은 순간, 우리는 분명 집단을 형성했겠지.

자 그럼, 본론으로 들어가자. 여기에서 다루고 싶은 내용은 그런 집단에서의 책임이 이상의 빛깔을 띤 경우다. '올해 매출은 전년도 대비 120퍼센트를 달성하자!'라는 이상을 집단이 내세웠다고 치자. 굳이 말하지 않아도 많은 사람들이 이미 잘 알고 있겠지만, 이런 집단형 이상은 집단 전체가 결정하는 게 아니고, 그중 일부 사람들의 사고에 지배되는 경우가 거의 대부분이다. 회사인 경우 집단형 이상을 내세우는 사람은 분명 경영자나 경영진이라 불릴 만한 사람들일 것이다. 물론 집단의 일원으로 그런 이상에 공감할 수 있다면, 그보다 행복한 일은 없다. 집단형 이상에서 발생되는 책임에도 높은 동기부여 정신으로 도전할 것이다.

그러나 누구나 이해하고 있듯이, 집단은 거기에 소속된 전원이 늘 같은 방향을 지향하는 것은 결코 아니다. 만약 그런 집단이 있다면⋯⋯ 매우 위험하다. 목표에 도달하는 속도는 빠를지 모르지만, 실패에 대한 내성은 매우 약하다. 전원이 똑같다는 것은, 다시 말해 어떤 병원균에 일제히 감염될 가능성이 매우 높다는 뜻이다. 조직의 건강을 고려하면, 조직 안에 이색분자가 있는 게 훨씬 안전하다. 집단형 이상에 대한 이색분자의 작은 저항들이 집단의 붕괴를 예방해 줄지도 모르고, 어쩌면 혁신의 원천이 될지도 모른다.

그러므로 집단형 이상에 침해당하지 않기 위해서라도 이색분자가 되자. 요령은 집단에 동조하지 않는 것이다. 자기 이익을 최우선으로 삼아 유급휴가를 찾아 쓰고, 퇴근 시간이 되면 눈치 보지 말고 칼퇴근을 하고, 회의 때는 의견이 마무리될 것 같은 시점을 노리다 반론을 제기하고, 주위 사람들이 괴로운 표정을 지으면 무리를 해서라도 혼자 빙긋이 웃어 보인다…… 상당히 어려운 길이긴 하지만, 작은 것부터 꾸준히 해나가면 불가능한 일은 아니라고 생각한다. 주위와의 알력은 피할 수 없을지 모르고, 살기 힘들고, 괴로운 일도 늘어날지 모르지만 집단형 이상이라는 병에 걸리지 않으려면, 그리고 다른 무엇보다 소속된 집단을 지켜내려면 누군가는 반드시 가져야 할 태도다.

책임이라는 요소에서도 집단형 이상을 거역하는 방식으로 완수할 수 있도록 유념하기 바란다. 개인으로서 해야 할 일은 하지만, 이상을 거역하는 자세이기 때문에 수치적인 목표 달성은 책임의 범주에서 제외시켜도 된다. '해야 할 일

'이상을 위해서'라는 말은 실패했을 때의 핑곗거리?

은 했다'고 스스로 인정할 수 있을 만큼 일했다면 그것으로 충분하다. 그러나 집단형 이상이 지향하는 결과를 달성하지 못하면 책임을 다하지 못한 것으로 보일까 걱정하는 의견도 있을지 모른다. 집단 측에서 보면 그 말이 맞을 것이다. 그러나 정해진 시간에 자신의 능력을 다 짜냈는데도 실현할 수 없을 것 같은 집단형 이상은 현실을 직시하지 못한 잘못된 이상이다. 그림의 떡에 현혹되어 심신이 피폐해진다면, 현실이라는 인생의 한순간을 즐길 여유가 사라진다. 그것만은 반드시 피해야 한다.

당연한 얘기겠지만, 위에서 기술한 태도를 관철한다 해도 주위에서 유능한 인재로 여겨지는 사람이 되긴 힘들 것이다. 그러나 너무 고민할 필요는 없다. 오히려 주위 사람들에게 무능한 인간으로 취급받는 정도가 딱 좋다. 집단형 이상에 전념하는 주위의 유능한 사람들에게 거리낌 없이 의지하자. 집단의 구성원들은 반드시 능력의 차이가 있게 마련이다. 그야말로 다 함께 매머드를 사냥했던 무렵부터 집단은 쓸 만한 녀석과 쓸모없는 녀석이라는 존재를 포함하고 있었을 것이다.

요컨대 집단은 무능을 끌어안을 의무……라기보다 사회적인 기능이 있다. 무능한 사람들과 어깨를 나란히 하고 살아가기 싫으면, 집단에서 과감히 벗어나 혼자 힘으로 살아가면 그만이다. 분명 자신의 무력함을 절실히 통감할 수 있는 좋은 기회가 될 것이다.

집단형 이상의 독에서 벗어나 자기가 이행할 수 있는 범위의 책임을 달성하려고 유념하며 노력하면, 삶이 훨씬 편해진다. 무능하다는 비난은 피할 수 없지만, 달게 받아들이자. 장자 왈, '直木先伐 甘井先竭(곧은 나무가 먼저 베이고, 물맛 좋은 우물이 먼저 마른다)'. 금방 베이고 쓰러지는 유능한 나무보다 별볼 일 없는 무능한 나무로 끈질기게 살아보고 싶은 생각이 최근에 강하게 든다.

13 ⚬ 주위 사람들에게 감사하자

여기까지, 특히 이번 장의 11·12의 내용을 읽으면 무뢰한 같은 삶의 태도를 제안하는 것처럼 보일 것이다. 일리는 있어 보이지만, 그것만으로는 삶이 조금 괴로운 시기가 있을 것처럼 느껴진다.

무능을 자타가 공인하는 게 좋긴 하지만, 구태여 집단에 등을 돌릴 필요까지는 없다고 생각한다. 그도 그럴 것이 그건 너무 괴롭다. 무능을 표방할 거라면 고독을 감내하라는 말은 너무 야박하지 않은가. 무능해도 어떻게든 사회의 일원으로 살아가고 싶다고 주장하면 당장에 여기저기서 질타가 쏟아질지 모르지만, 딱히 고민할 필요는 없다. 모든 사람이 하나같이 다 우수할 리는 없다. 나 혼자만 무능한 건 절대 아니다.

내 경우는 오가는 사람들이 나보다 다 뛰어나 보이는 순간을 사흘에 한 번꼴로 체감하지만, 그런 건 환각일 뿐이다. 그야 물론 '영업'이나 '경리' 같은 업무에서는 나보다 우수한 사람이 얼마든지 많겠지. '기획'이나 '계획 관리' 면에서도 나는 대부분의 사람과 비교할 때 능력이 떨어진다. 단, 나도 남들보다 뛰어난 점은 있다. '밥을 맛있게 먹는 능력'이나 '무슨 일이 있든 하루하루가 늘 즐겁다고 여기는 능력'…… 그런 면에서는 최고라고 자부한다. 뭐 하긴, 검증하기 어려운 능력이긴 하지만.

나의 우수성을 자부하는 이런 나의 주장을 단순한 만용, 허세라고 결론 내리면 안 된다. 물론 내 능력은, 예를 들면 업무에서는 거의 도움이 안 된다. 기획이나 영업 능력이 뛰어난 사람이 회사뿐만 아니라 사회에도 훨씬 더 유용하고, 타인의 평가도 훨씬 높게 받는다. 요컨대 기업 조직 입장에서는 내가 밥을 얼마나 맛있게 먹든 별다른 메리트가 없기 때문에 내 능력은 낮은 것이고, 즉 무능하다는 뜻이다.

그러나 만약 나처럼 자기 능력이 낮다고 자각하는 사람

이 있다면…… 안심하기 바란다, 나나 당신이나 무능한 그대로 좋다. 우수하다는 것은 타자가 내리는 평가가 높다는 의미다. 다시 말해 타자의, 이 경우에는 회사가 품은 이상의 핵심이 되어버린 상태를 의미한다. 회사에 근무하는 사람이 모두 나 같은 부류라면, 경영진도 설마 작년 대비 두 배의 매출을 올리라는 말은 하지 않을 것이다. 회사 상황은 그렇지 않고, 나 외에도 능력 있는 사람이 많은 덕분에 사장도 기대에 부풀어 이상을 그리고 마는 것이다.

자본주의 사회가 특정 모집단母集團에 대해 반드시 능력의 우열을 가르는(회사에서나 학교에서나…… 문화에서도) 까닭은 집단 내부의 뛰어난 인자가 집단 자체를 견인해준다는 경험칙을 믿고 있기 때문이다. 실제로 그것은 역사적으로 봐도 옳다. 회사에서 근무 평가를 실시하는 것도, 교육이 아직도 선별 심사를 중시하는 것도, 서점에서 서적 판매 순위 같은 걸 발표하는 것도 뛰어난 일부가 전체를 좋은 방향으로 이끌어준다는 법칙을 믿고 있다……기보다 그렇게 되는 구조를 사회가 오늘까지 유지해왔기 때문이다.

그러나 우수한 인간은 이상의 희생양이 되기 쉽다. 현재 나는 회사에서 가장 말단인데, 내 능력으로 보면 당연하다고 받아들인다. 나의 상사나 선배들은 모두 우수하다. 적어도 회사 업무에서는 나보다 분명 몇 단계는 뛰어난 능력을 갖고 있다.

그래서일까, 그들은 늘 바빠 보인다. 눈앞에 닥친 일에 쫓기면서도 회사의 전체적 상황이나 회사의 가까운 미래, 먼 장래까지 고려하고, 게다가 나처럼 쓸모없는 인재가 일으킨 문제의 수습까지 감당한다. 그들은 질적·양적으로 엄청난 노동을 완수한다…… 우수하다는 이유로. 그리고 그 우수성으로 인해 이상을 짊어져서(강제로 져서) 늘 바빠 보이고, 늘 괴로워 보이고, 늘 활기가 없다.

그들에게 "왜 그렇게 표정이 어두워요? 어차피 출판은 사양산업이에요, 아무리 죽어라 일해도 돈이 안 돼요, 그럴 바엔 마음이라도 밝게 가집시다"라고 호소하면 안 된다. 그들의 노력에 침을 뱉어서도 안 된다. 그들의 땀을 조소해서도 안 된다. 왜냐하면 우수한 그들이 맹렬한 기세로 임해준 노동이 무능한 내가 오늘도 이 사회에서 생존할 수 있는 권리를 구축해주었기 때문이다. 그 사실에는 천지가 뒤바뀌어도 감사해야 한다.

그러나 나는 그들이 등에 짊어진 이상을 공유할 수는 없다. 무책임하게 (입으로만) "힘냅시다!", "뭐든 하겠습니다!" 같은 유치한 발언을 하려고 들면 못할 건 없다. 그런데 그런 태도만으로 이상을 나눠 가지려 한들 아무 소용도 없다. 뭐 하긴, 큰맘 먹고 겉치레라도 한다면, 그 나름대로 처세술의 하나라고 볼 수도 있겠지. 그렇지만 태도는 형식이 되고, 형식은 반드시 내용물을 바꾼다. 제스처만 취할 요량으로 이상을 안착시킨 신여神輿 행차에 참가하려 했는데, 어느덧 정신을 차려보니 신여를 단단히 짊어지고 있는 사태는 쉽게 상상할 수 있다. 정신을 차려보면, 어느새 이상의 선두에 나서서 각고刻苦의 춤을 추고 있을지도 모른다……. 나는 그런 미래를 거부한다.

그런데 거부만 해도 괜찮을까? 왜소한 개인주의자인 척하는 것뿐이라면, 사회의 말석은 더럽힐 수 없다. 미안한 마음도 들 테고, 실제로 이상을 등에 업고 싸우는 우수한 사람

이상이 없기에 겸허해질 수 있다.

들 덕분에 내가 살아갈 수 있는 측면이 적지 않으니 아무래도 그들을 응원하고 싶어진다. 열심히 노력하며 싸우는 사람을 진지하게 응원해야 한다. 타자를 응원하는 요령은 타자가 가진 나보다 우수한 능력을 순순히 존경하는 것이다. 동시에 '나는 할 수 없다'는 부분을 명확하게 긍정하는 것이다. 자신의 무능을 확실하게 인정하면, 타인의 유능이 또렷하게 시야에 들어온다. 그러면 그들의 능력에 감탄할 수 있다. '흥, 나도 그 정도쯤이야……'라고 생각하면 좀처럼 감탄하기 어렵지만, '그래, 나한테는 무리야'라고 깨닫는 순간, 타자의 우수성을 긍정하기 쉬워진다('나한테는 무리라고 깨닫는' 테크닉은 이번 장의 첫머리인 11에서 언급한 내용을 다시 읽어주기 바란다. 상당히 어렵다, 막상 실천하려 들면).

존경할 수 있으면 감사하자. 딱히 자신을 낮출 필요는 없다. 주의 깊게 고마워하는 자세가 중요하다. '주의 깊게'라는 말을 달리 표현하면, 분석해보라는 뜻이다. 예를 들면 일단 내 월급은 의심할 여지 없이 내 주위의 우수한 선배나 상사들이 회사에 기여한 이익 덕분에 제공받는다. 물론 나도 나름대로 회사의 이익을 높이기 위해 열심히 노력하지만,

그들에 비하면 그 액수가 적다. 나 개인의 인건비와 내가 회사에 기여한 이익을 냉정하게 분석해보면, 나는 단연코 주위의 우수한 사람들 덕분에 입에 풀칠하고 산다는 걸 알 수 있다. 근거 없는 감사는 맹신이나 의존을 불러일으킬 뿐이라 좋지 않다. 사실을 확실하게 분석한 뒤에 양성된 '감사'야말로 올바른 감사 방식이다.

감사할 수 있게 되면, 이상의 노예가 되지 않고도 집단 속에서 사회의 일원으로, 감사는 못 받을지라도 특별히 배척당하지 않고 조용조용 살아갈 수 있다. 이상이 야기하는 부자유에서 벗어나 현실 속의 안녕을 발견해내는 시간을 맞이할 수 있다. 기대도 존경도 받을 필요 없이, 담담하게 현실을 사랑하고 자신의 자리를 지킬 수 있게 되는 것이다.

진정한 개인주의자란 독립불기獨立不羈를 그대로 실행하는 사람을 뜻하지 않는다. 개성이나 자유를 주장하는 한은 결코 개인주의적이지 못하다. '나'만 줄기차게 외치는 욕망역시 아직 개인주의에 도달하지 못한 증거다. 낡은 이상에만 젖어 있는 자유주의자는 개인주의자가 절대 아니다.

진정한 개인주의자는 집단을 부정하지 않고 집단에 봉사하고, 집단을 조소하지 않고 집단을 존중하며, 집단을 기피하지 않고 집단에 감사하면서도 집단이 내건 이상에 완전히 응하지는 않는 게…… 아닐까 싶다.

14 점점 고개를 숙이자

별이 빛나는 밤하늘 저편에서

메아리치는 악의 웃음

이 별에서 저 별로 흐느끼는 사람들의

눈물을 떠안은 우주의 전말

은하선풍 브라이거

부르는 즉시 등장하리!

「은하선풍 브라이거」(로봇 애니메이션. 야마모토 마사유키 작사·작곡, 다카다 히로시
편곡, 다이라 이사오 노래)에서 가사 일부 인용

그렇다, 부르지 않으면 등장하지 않는 것이다. 앉아서 기
다리기만 하면 브라이거는 모습을 드러내지 않는다. 오가
미 잇토(일본 만화영화, 영화 및 드라마에 등장하는 가공의 인물 - 옮긴이)만
해도 몹시 귀찮은 방법으로 의뢰해야 하고, 거금을 준비해
야 하며, 권선징악 이미지가 있는 필살사업인(일본의 시대극 「필
살사업인」의 주인공 - 옮긴이)도 남모르게 일을 해주는 건 아니다.

중요한 것은 '의뢰하는' 장면이다. 그런 수고를 아끼면 정의의 아군도 일어서주지 않는다. 다시 말해…… 그냥 괴로워만 하면 그 누구도 구원의 손길을 절대 뻗어주지 않는다는 것이다.

장 자크 루소가 『사회계약론』에서 말했듯이, 이 구조는 현대사회의 기반 자체이기도 하다. 도움을 원하면 '도와달라'고 직접 부탁하고 '계약'을 발생시켜야 한다. 그 이유는 생각해볼 필요도 없다. 약자의 애원이야말로 폭력을 정의로 바꾸는 유일한 다리가 되어주기 때문이다. 그것만 있으면, 강력한 힘은 불문곡직하고 그 위세를 떨칠 수 있다.

해안으로 떠밀려온 아이의 사체 사진 한 장이면, 마음이 유복한 자유주의자는 빈곤한 국수주의자의 불만을 일소할 수 있다. 어느 나라에서 쫓겨 나온 난민의 비명을 들으면, 어딘가의 나라는 다른 어느 나라에 폭탄을 퍼부을 수 있다. 확실치 않은 미래에 대한 공포를 외치면, 아무도 모를 미래의 평화라는 걸 위해 국회 앞에서 데모할 구실을 손에 넣을 수 있다……. 뭐, 이렇듯 약자의 호소는 이상이 힘을 행사하기 위한 귀중한 소재가 되는 것이다.

두 손 모아 기도할 바에는
(신이 아니라) 현실에.

이상에 있어서 약자나 능력이 적은 사람의 호소가 기치가 된다면, 이것을 이용할 수밖에 없다. 이상은 구원의 손길을 뻗어주고 싶어 한다. 따라서 이상에 지배당하고 싶지 않고 이상의 노예가 되고 싶지 않다면, 전력을 다해 약자가 되면 좋은 것이다. '괴롭다'고 분명하게 주장하고, '내 능력으로는 불가능하다'고 역설하자. 괴롭지도 불가능하지도 않은 강자에게 자신의 나약함을 결연히 어필하는 것이다.

이상을 이용하자. 이 장의 주제를 '대단한 사람이 못 돼도 괜찮다'고 정한 데에는 이상 완수는 '대단한 사람'에게 맡기고, 나약한 우리의 뒤치다꺼리까지 '대단한 사람'에게 부탁하면 된다는 메시지도 포함되어 있다. 성공적으로 잘 의지하면, 이상은 생트집을 잡는 성가신 상대가 아니라 우리를 보조해주는 우수한 파트너가 된다.

그럼, 어떻게 의지해야 할까? 자신의 나약함, 부족한 능력을 그냥 긍정하는 것만으로는 부족하다. 예로 들 수 있는 중요한 작업은 고개를 확실하게 숙이는 것이다. 앞에서 감사의 중요성을 강조했는데, 그것이 내면적 액션이라면, 고개를 숙이는 것은 감사를 표명하는 외면적 액션이다.

도덕의 경지에 도달하지 못했고, 인의를 완벽하게 실행하지 못한다면, 최소한 예지禮智는 지키고 싶다. 도움을 청하는 말과 부탁하는 태도는 양쪽 다 정중하게 실천해보자. 그냥 '난 못해!'라고 외칠 게 아니라, 그냥 '나는 약해요'라고 호소할 게 아니라 정연整然히 질서를 중시하면서 '죄송합니다, 너무 곤경에 처해서요'라고 몸을 낮추고, '재능이 없는 저로서는 해결할 능력이 없으니 부디 도움을 좀 받을 수 있을까요?'라며 고개를 숙인다. 뭐, 딱히 이렇게 옛날 말투일 필요는 전혀 없지만, 좀 더 제대로 된 표현을 골라가며 성의 있게 부탁하면 내 경험상 대부분은 어떻게든 해결된다.

내 업무를 예로 들자면, 출판사에 근무하는 편집자는 결국 자기에게 책임을 집약시키는 노동을 하고 있고, 물론 내 무능이 전제되긴 하지만, 여하튼 '모두에게 피해를 끼치는' 것 자체가 본질이다(적어도 나는 그렇게 믿고 있다). 따라서 진전되는 계획에 맞춰 저자에게 고개를 숙이고, 디자이너에게 고개를 숙이고, 인쇄소에 고개를 숙이고, 서점에 고개를 숙이

고, 간간이 상사나 선배들에게 고개를 숙이며 가까스로 고
비를 넘긴다. 아니, 넘길 수 있는 것이다…… 고개만 숙이면

(왜냐하면 출판업은 작은 실수로 사람이 죽는 일도 없고, 편집자 한 사람의 실수로
몇천억 엔씩 손해가 나는 일도 없기 때문이다. 무능해도 그렇게 큰일은 잘 벌어지지
않는 사업 분야다).

그런 까닭에 나는 점점 고개를 숙이라고 제안한다. 고개
야 얼마든지 숙여도 손해 볼 게 없다. 내 무능을 인정할 수
없다, 고개 숙이는 데 저항감을 느낀다…… 이런 경우는 아
직도 마음속에 개인이라는 작은 이상을 키우고 있다는 증
거이며, 거기에 구애되고 싶다면 상관없겠지만, 그런 하찮
은 자존심 때문에 심적 건강이나 시간을 희생하는 건 솔직
히 아깝다는 생각이 든다.

문맥을 곧이곧대로 받아들이면, '고개를 숙이는' 것에 왠
지 모를 저항감이 느껴지는 기분도 이해는 된다. 그러나 위
에서 설명한 나의 사례만 봐도 알 수 있듯이, 나와 상대가
'(약간의 능력 차이는 제쳐두고 사회적으로는) 대등한 관
계'에 있기에 나는 고개를 숙일 수 있는 것이며, 그렇지 않

다면 고개를 숙이는 의미도, 의의도 없다고 생각한다.

나는 일방적인 폭력에 쉽사리 고개를 숙일 마음은 추호도 없다. 그게 아니라 사회 통념상 서로 협동해 이익을 낼 수 있는 상황에서 비로소 고개를 숙이는 것이다. 그리고 그런 상황에서 고개를 숙이는 데 익숙해진다면…… 삶은 훨씬 더 쾌적하고, 훨씬 더 편해진다.

15 쉬어보자

 '불가능'을 자각하고, 책임이라는 명목하에 과도하게 애쓰지 말고, 주위에 감사하고, 고개를 숙인다……. 지금까지의 내용은 '대단한 사람'이 되는 과제를 자신에게 부과하지 않고, 이상을 좇지 않고, 현재 상태의 나를 긍정하기 위한 방법론이었다. 그러나 당연한 얘기겠지만, 나는 무책임하게 살자거나 태만해지자고 주장하는 건 결코 아니다. 현재 상태에서 내 눈앞에 있는 것, 높은 이상만 지향하며 위만 바라볼 때는 놓쳤던 것을 재발견하자는 제안이 이 책이 추구하는 진정한 목적이다.

 이상을 내건 후에 조급해지는 마음, 고양되는 감정에 몸을 맡기는 것은 흥분되고 즐겁기도 하다. 그 즐거움을 등에 업고 바쁘게 일하거나 뭔가에 온 마음을 쏟는 행위는 무의미하지 않다. 최소한 나는 그런 태도가 가져다주는 고양감을 절대 부정하지 않는다. 나 역시 맹렬하게 살았던 경험과 기억이 있기 때문이다.

이상을 향해 매진하는 유쾌한 기쁨은 거역하기 힘든 매력이 있고⋯⋯ 더군다나 양질의 결과까지 동반된다면, 자기도 모르게 중독되는 것도 이해는 된다. 또한 실패했을 때 느끼는 표현할 길 없는 안타까움도 (미래를 보다 씩씩하게 살아가기 위해서는) 충분한 가치가 있다고 생각한다.

그러나 나는 그런 점을 인정하면서도 그와 정반대되는 태도나 행위가 가져오는 가능성을 제안해보고 싶다. 이상을 버려야 비로소 깨닫는 발견이 있다고 주장하고 싶은 것이다.

예전에 나는 이른바 편집 프로덕션이라는 곳에 소속되어 있었다. 출판 불황이라는 한탄이 끊이지 않는 시대인데도 줄어들기는커녕 오히려 계속 늘어가는 업계 전체의 서적 간행물 숫자를 밑받침하고 있는 것이 편집 프로덕션이라는 조직이다. 대형 출판사의 보조자로서 그들이 직접 다 편집할 수 없는 타이틀을 놀라울 만큼 짧은 편집 기간과 당치도 않은 적은 예산으로 기획·편집해 세상에 선보이는 게 주요 업무 내용이다.

예를 들어 '일본도日本刀가 유행하는 듯하니 일본도 무크지를 내봅시다'라고 대형 출판사에 교섭하고(혹은 대형 출판사에서 그런 의뢰가 오기도 한다), 상대가 '아, 괜찮겠네요. 해봅시다'라고 수락하면 구성(차례)안을 짜고, 책에 들어갈 내용을 구상하고, 집필자(작가)나 일러스트레이터를 수배하고, 원고나 일러스트가 완성되면 조판해서 꼼꼼하게 교정을 보고, 완성된 데이터를 인쇄소에 입고한다. 그다음은 대형 출판사에 맡긴다. 서적 매출은 대형 출판사가 가지며, 편집 프로덕션은 편집 비용이라는 명목으로 대가를 받는다.

왜 그런 장사가 필요한지 설명하기…… 시작하면, 일본의 특수한 출판문화를 설명해야만 하니 생략하겠지만, 어쨌거나 신속하고 적확하게 책을 편집하는 조직이 편집 프로덕션이다. 책에 따라서는 일련의 작업을 한 달 남짓 만에 마무리할 때도 있고, 그런 수라장인 상황에서는 내가 집필자와 일러스트레이터를 겸할 때도 있었다.

뭐, 업무 내용은 이쯤 접어두고, 편집 프로덕션에 재직했을 무렵의 나는 이상으로 불타올랐다. 매일같이 수백 종에 이르는 신간이 나오는 일본의 출판문화를 지탱하는 사람은 나라고 자부하고, 닥치는 대로 일하며 무아지경으로 책을 편집했다. 상당히 빠른 속도로 편집한다고 자각했지만, 놀랍게도 나보다 훨씬 대단한 선배가 많아서 숨을 쉬듯 책을 엮어가는 장인적인 그들을 보고(한 달에 여덟 권을 편집하는 엄청난 실력을 가진 사람도 있었다) 전율하며 좀 더 힘을 내야겠다고 생각했다.

그러나 나는 결국 건강을 해쳐서 편집 프로덕션을 그만두고 말았다. 달인의 영역에 다가갈 수는 없었다. 그 후 치료와 요양을 하면서 들었던 생각은 내가 내걸었던 이상 – 출판문화를 밑받침하고 불황에 허덕이는 대형 출판사가 어떻게든 잘 타개해나갈 수 있도록 돕는다는 이상, 나아가서는 일본의 문화를 지키기 위해 일한다는 이상 – 에 대한 회의懷疑였다. 그것은 곧 '정말로 이런 방식이 일본의 문화, 출판업계를 지키는 길일까?'라는 의심이었고, 산업구조 자체에 대한 회의였다.

그때 품었던 의문은 아직도 내 안에서 사라지지 않았다. 그래서 이렇게 책을 쓰거나 편집자로 일하면서(눈앞의 현실에 담담히 대처하면서) 그 의문에 대한 내 나름의 해답을 찾아내고자 하는 것이다. 하긴, 그런 얘기를 하기 시작하면 역시나 또 길어질 테니 이쯤에서 접기로 하겠다.

내가 여기서 중요시하고 싶은 점은 어떤 집단 속에서 이상에 매진해버리면, 그 집단이 가진 구조적 문제를 알아채기 힘들다는 것이다. 다행인지 불행인지, 나는 한순간이나마 그 집단에서 벗어날 수 있었던 덕분에, 즉 이상에 매진하는 육체를 정지시키는 데 성공한 덕분에 '이 이상은 좋지 않은 종류의 이상이 아닐까'라고 알아챌 수 있었고, 그 이상을 버릴 수 있었다.

물론 여기에서의 나의 견해는 어디까지나 한낱 개인의 의견일 뿐이고, 이론異論도 있을 테니, 독자 여러분은 곧이곧대로 받아들이지 않도록 주의해주시기 바란다. 다만, 내 경우에는 내가 그 당시 정했던 이상은 나를 괴롭히는 이상이었다는 의미일 뿐이다.

이상을 버리기 위해서는 쉬어보는 게 좋다. 쉬면 이상의 암을 발견할 수 있다. 용기 내어 멈춰 서면 이상을 거부할 수 있는 재료가 손에 들어오고, 이상을 부정할 수 있게 된다. 물론 쉬는 방식도 여러 가지일 테니, 나처럼 건강을 망쳐서 쉬어버리는 것은 최선책이라고 말하긴 어렵다. 그도 그럴 것이 일단 수입이 사라지고, 다른 무엇보다 소속이 없어진다는 불안감은 안정된 사고를 키우는 데 도움이 안 된다고 보기 때문이다(못할 건 없겠지만).

그렇다면 보다 좋은 쉬는 방식은 무엇일까? 내가 생각하는 최고의 스타일은 일상 속에 쉬는 순간을 엮어 넣는 것이다. 갑자기 쉬려고 하면 사람은 좀처럼 스위치를 바로 바꿀 수가 없다. 느닷없이 일손을 놓아버리면 주위에서…… 아니, 당사자조차 혼란스러울 가능성이 높다. 아수라장이 정리된 후 한숨 돌릴 요량으로 유급휴가를 내더라도 마음가짐이 서 있으면 다행이지만, 그렇지 않으면 '아, 드디어 여유가 생겼네…… 그런데 뭘 하지?'라며 무의식의 꿈결 속에서만 놀아버리는 시간이 되고 만다. 그것도 쉬는 방식 중 하나라고 말할 수는 있겠지만, 어떤 발견이 동반되느냐 하는 면에서는 조금 수상쩍은 기분이 든다.

쉴 때는 너무 진지할 필요가 없다. 그러나 일단은 지나온 길을 되돌아볼 수 있게 멈춰 서는 방식이 좋다고 생각한다. 내가 어디를 걸어(달려)왔는지, 그 길에는 무엇이 남아 있는지, 가령 발자취가 남아 있다면 그 흔적에서 생겨나는 뭔가를 찾아낼 수 있는지…… 그런 요소를 해결할 수 있느냐 없느냐가 멈춰 서서 이상에 의심을 품기 위한, 혹은 이상과 결별하기 위한 중요한 과제가 된다.

쉬고, 멈춰 서고, 돌아보고, 앞을 보고, 고개를 숙였을 때, 줄곧 이상만 좇았던 시기에는 절대 찾아낼 수 없었던 것을 발견할 가능성이 생길지 모른다.

시동을 끄면
보이는 풍경도
달라진다.

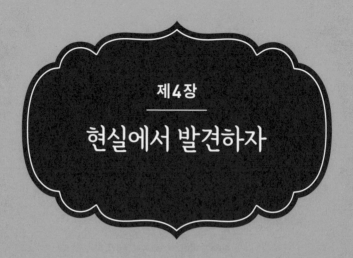

제4장

현실에서 발견하자

사실 현실은 매우 즐겁다.

제1장과 제2장에서는 주로 이상의 안 좋은 점을 다루었고 제3장에서는 이상을 버리기 위한, 이상에 중독되지 않기 위한 사고 태도에 관해 논해보았는데, 드디어 이번 제4장부터는 이상을 버린 뒤에 취할 구체적 행동에 관련된 의견을 구축해보고자 한다. '네, 이상을 버렸어요, 마음이 좀 편해지네요' 정도뿐이라면 너무나 허망하고, 애초부터 나는 오로지 정신의 안녕만 추구하고자 이상을 버리자고 제안한 게 아니다. 그것을 넘어서는 메리트, 이상을 버림으로써 발견할 수 있는 현실의 즐거움, 흔들림 없는 안정된 사고의 묘미를 해

설하고 싶었고, 그러기 위해서 책을 쓸 결심을 했다.

따라서 지금부터는 적극적으로 이상을 방기한 사고가 어떠한 행동으로 이어지는지, 혹은 어떤 실천을 의도하면 보다 적극적으로 현실을 사랑할 수 있는지를 소개해나갈 생각이다. 개중에는 '흐음, 그건 나에게 좀 어렵겠는데'라는 의견도 있을지 모른다. 물론 나도 모든 게 정착됐다고 생각하진 않는다. 독자 여러분이 무리 없는, 각자의 상황에 적합한 방법론을 적절히 취사선택해준다면 더없이 기쁠 것이다.

16 일기를 써보자 / 관찰안을 연마하자

　일기는 매우 신기해서 어떤 의미에서는 그 자체가 하나의 확고한 미디어로 기능한다는 것을 우리는 경험적으로 알고 있다. 수많은 문학가와 사상가, 지식인들의 일기가 서적 형태로 후세에 남겨진 까닭도 그것들이 우리에게 지知를 심어주고, 혹은 사고의 버팀목이 되어준다는 것을 인류가 오랜 세월 속에서 발견했기 때문이다.

　흔히 보는 문학 전집에는 대부분 일기를 엮어놓은 책이 있고, 언행록 종류에도 일기와 비슷한 성격을 띤 글이 간혹 있다. 그런 글을 접했을 때 우리는 과거 시대를 알고, 옛 사상을 알고, 현재로 이어지는 사회 변천사를 배울 수 있다.

　그러나 잊지 말아야 할 것은…… 일기를 쓴 당사자는 후

세 사람들에게 읽힐 거라는 전제로 그런 작업을 한 게 절대 아니라는 점이다. '그래, 나 정도 되는 작가면 틀림없이 후세에 전집이 엮어질 테니, 독자 눈에 띌 걸 전제로 일기를 써야겠지. 요컨대 어설픈 글은 안 돼'라고 의식하며 일기를 쓴 사람이 있었다고 가정한다면…… 그건 그것대로 재미는 있겠지만, 분명 소수에 한정될 것이다. 하긴 '독자'를 의식한 종류의 일기가 존재하긴 한다.

예를 들어 제임스 쿡의 항해기(이것도 일종의 일기겠지) 같은 경우는 기록이라는 문맥적 가치가 있다는 것을 본인도 이해하고 있었기에, 또한 실제로 그 의미나 효과가 적지 않았기에 독자를 위한 기록이라는 점을 중시한 시점에서 기술되었다. 회사에서 쓰는 업무일지나 일보日報도 같은 유형의 글이다. 그 밖에 유명한 『안네의 일기』에도 타자에게 전달될 것을 분명하게 의식한 문장이 포함되어 있다(뭐, 다른 사람의 손길이 얼마간 개입되었을지 모르지만……). 혹은 모리 오가이(일본의 작가이자 의사 - 옮긴이)의 일기는 그 날카롭고 예민한 관찰안, 지나치게 착실한 묘사가(오가이니 당연하다면 당연하겠지만) 한 치의 막힘도 없는 명랑한 문장으로 엮여 있고, 독자에게 읽힐 걸 고려 했는지 안 했는지는 모르지만, 누구에게 읽혀도 부끄럽지 않을 고결하고 간단명료한 문장으로 쓰여 있다.

어쨌든 타자의 존재를 강하게 의식하고 일기를 쓰려고 하면 상당한 각오가 요구된다는 것만은 알아두자. 각오는, 즉 책임능력이다. 첫 번째는 전달할 수 있느냐 없느냐 하는 기술적인 책임, 그리고 보다 강하게 요구되는 요소는 전달할 가치가 있느냐 없느냐 하는 가치판단을 스스로 내려야 하는 책임이 있다. 이런 책임을 지는 것은 - 개개인이 지향하는 바도 다양할 테니 일괄적으로 말할 순 없겠지만 - 그리 간단한 작업이 아니다. 때문에 내가 여기에서 추천하는 것은 '타인이 읽는 것을 전제하지 않은 일기'다.

요컨대 평범하게 일기를 쓰자는 말인데, 그것이 왜 이상을 버리고 현실을 확실하게 파악하는 데 중요한 요소가 될까. 이유는 간단하다. 예를 들어 예전의 나처럼 매일매일 일에 쫓긴 나머지 자기가 지금 어디에 있는지 잊고 마는 나약한 인간은 자신이 서 있는 위치를 잃어버리기 때문에 이상에 쉽게 매달리게 된다. 그렇게 되지 않으려면 정상적으로 자신의 현재 위치를 확인하는 작업이 중요해지고…… 그 일기를 쓰면 지금 내가 어디에 있는지 알 수 있다.

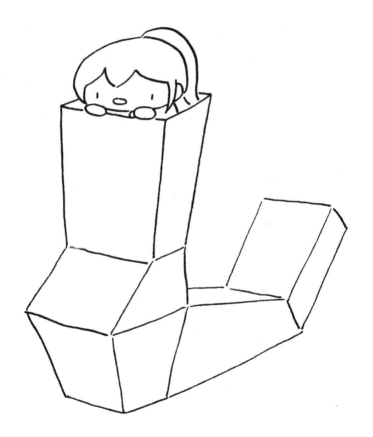

도구로 일기가 최고다.

그렇다면 구체적으로 어떤 일기를 쓸지 검토해보자. 일기인 만큼 가능하면 매일 쓰는 게 좋다. 그러나 만약 자기에게 일기 쓰기를 의무처럼 부과해버리면, 다시 말해 '쓰고 싶진 않지만 써야겠지'라는 마음으로 일기와 마주한다면, 바로 정밀도가 떨어진다. 정밀도란 현실을 재확인하는 예리한 시선인데, 그것이 둔해져버리면(둔해진 것도 모른 채 쓰는 데만 집착해버리면) 일기 따윈 안 쓰는 게 훨씬 낫다.

요령은 두 가지가 있다. 첫 번째는 사실을 철저하게 기록하는 것, 다른 하나는 사실을 주의 깊게 관찰하는 것이다. 이 두 가지를 준수하면, 스쳐 지나는 현실 속에서 자기가 한 일의 의미나 앞으로 자기에게 생길(생길지도 모르는) 변화의 징조 등을 알아챌 수 있다.

뭐 하긴, 이런 요령들은 실제로 써보지 않으면 체험하기 힘들 테니, 너무 시끄럽게 떠들어서 '일기는 반드시 써야 한다!'는 '이상'을 독자에게 심어줘도 곤란하겠지. 나아가 다른 무엇보다 자기 자신이 그런 식으로 일기를 쓰고 있다는 증거를 내보일 수 없기 때문에('타인이 읽는 것을 전제하지 않은 일기'이므로) 무엇을 쓰든 탁상공론으로 보이고 만다. 그러니 이 부분에서는 선인의 지혜를 빌려보자.

◆ 1월 1일(다이쇼* 15년 / 1926년)

　드디어 일기를 쓰게 되었다. 아니, 쓸 수밖에 없게 되었다. 나는 지금 인생의 기로에 서 있는 게 아닌가 하는 생각이 든다. (물론 인생의 아주 작은 기로겠지.) 나는 그 기로에서 나의 역사를 만들어가야 한다고 생각한다. 전에는 일기를 써도 일기장에 기입할 내용이 없어서 항복하고 말았다. 그때는 내가 아직 자각이라는 게 부족했기 때문이라고 생각한다. 지금의 나는 자각하고 있다. 그래서 일어섰다. 그리고 싸우고자 한다. 이 15년도의 일기에는 그 자각한 나와의 전황이 고스란히 드러나겠지. 연하장 78매가 왔다. 8시경에 남동생이 깨웠다. 오랜만에 형제 모임을 맞아 어머니가 사진을 찍으라고 권했다. 형제가 다 모여 사진을 찍었다. 어머니는 기쁘셨는지 마냥 들떠 있었고, 눈물을 글썽였다. 아버지 없이도 자식

* 다이쇼大正 천황 시대(1912~1926년)의 연호 − 옮긴이

들은 성장하는가······ 당연하지. 귀밑샘이 부어서 아프다. 저
녁이 되자 조금 나아졌다. 게이지桂二 씨, 오와니大鰐에 갔다.
과연 비행기다. 그보다 빠른 건 없다. 어제부터 시작된 치통
이 아직도 낫질 않는다. 오늘부터 이쓰로逸郎, 남동생과 셋이
6시부터 9시까지 공부하기로 했다.

『다자이 오사무 전집 01 초기 작품』, 지쿠마쇼보, 1999년

그야말로 새해에 쓸 법한 일기다. '나의 역사를 만들어가
야 한다고 생각한다'는 고매한 선언이 드러내는 것은 자신
의 전환기를 예감하고, 스스로 그 기록자가 되기로 작정하
고 펜을 든 작가, 작가 자신이 아니면 전혀 공감할 수 없는
고양감이다. 연극풍의 첫 행 표현도 포함해서, 오히려 시원
시원한 느낌마저 들 정도로 자기도취에 깊이 빠져 있고, 자
기 극화劇畫도 이쯤 되면 다른 사람은 흉내도 못 낼 것 같은
생각까지 든다. 그런 인간성 때문인지, 사실 묘사도 있긴 하
지만 다분히 주관적이며, 작가가 관찰로 뭔가를 발견한 기
미는 털끝만큼도 없다.

편협한 가족관은 은근히 전해지지만, 작가의 가슴속에

아주 오래전부터 있었다는 걸 알 수 있기에 발견이라고 부를 수는 없다. 마지막에 오늘부터 열심히 공부하겠다는 선언 역시 아무래도 작심삼일로 끝날 듯한 예감만 들지만(흥미 있는 사람은 조사해보기 바란다. 작가의 일기가 언제까지 계속됐는지)…… 그래도 인정하자. 이 일기는 재미있다. 이 책의 제안과는 정반대로 '이상을 버리지 않는다'는 자세가 물씬 풍기고, 아니 오히려 '이상을 품은 채 죽겠다'는 장렬한 각오까지 느껴진다. '사실(현실)은 진실(이상)의 적!'이라고 외친 돈키호테 같아서 독자 입장에서 보면 상당히 재미있는 구경거리다. 참고로, 이 일기의 저자는 쓰시마 오사무다. 다자이 오사무라는 이름을 아직 갖기 전인 열일곱 살 무렵의 일기다.

그렇다면 '이상을 버린' 일기는 어떤 것일까? 구태여 이 책의 취지에서 벗어난, 그러나 상당히 재미있는, 문장도 이쯤 되면 표현의 이름에 걸맞은 견본 같은 내용을 인용해보았는데, 물론 일기가 이런 것만 있는 건 아니다. 이번에는 방향성이 전혀 다른 일기를 읽어보자.

◆ 4월 30일. 토요일. 맑음(쇼와* 2년 / 1927년)

제목 미정인 단편을 이어서 썼다. 후지사와 후루미 씨가
왔다.『대동경번창기大東京繁昌記』삽화 건으로. 그리고 세키
구치 고안 옹翁에게 치료를 받았다. 히라마쓰 마스코 씨가 왔
다. 오늘은 히라마쓰 씨의 이삿날. 어느새 여덟 장짜리 다다
미방 도코노마(일본식 방의 상좌에 바닥을 조금 높게 만든 공간으로, 족자
나 꽃병 등을 장식한다 - 옮긴이)에 '5월 인형'(아들의 탄생을 축하하는 동
시에 무사히 건강하게 성장하기를 바라는 기원을 담아 단오에 장식하는 인형
- 옮긴이)을 장식해놓았다. 저녁나절, '도니치東日'의 오키모
토 쓰네키치 군이 왔다. 삽화 건과 관련해서 오아나 군을 찾
아갔다. 공교롭게 집에 없어서 벽장에서 멋대로 화투를 꺼내
오키모토 군과 육백을 했다. 오아나 군, 요시토시(조카)가 함
께 돌아왔다. 무슨무슨 검객 영화를 보러 갔다고 한다. 11시
무렵, 집으로 돌아가 또다시 후지사와 씨, 오키모토 군과 삽
화 건을 상담했고, 결국 새벽 3시가 되었다. 이 상태라면 삽
화도 작가가 직접 그려야 한다. 삽화를 15회나 그리는 건 아
무리 생각해도 까다롭고 어려운 일이다. 오키모토 군 왈, "그

* 쇼와昭和 천황 시대(1926~1989년)의 연호 - 옮긴이

래도 해주실 수밖에 없습니다".

『문예적인, 너무나 문예적인』, 이와나미쇼텐, 1931년

작가는 아쿠타가와 류노스케. 자살하기 석 달 전에 쓴 일기라는 정보가 주어진다면, 원하든 원치 않든 문장에서 이상이 사라져버린 분위기가 느껴질 수밖에 없다. 담담하게 현재 상태를 받아들이고, 거기에 놓인 곤란함을 알지만, 그럼에도 그냥 살아갈 수밖에 없는, 어딘지 모르게 체념의 냄새마저 풍기는 문장이다.

이 글에 나오는『대동경번창기』는 현재 헤이본샤 라이브러리나 고단샤 문예문집에 포함된 책으로 만나볼 수 있다 (관동대지진의 재해에서 부흥하고자 하는 도쿄 일대를 당대의 일류 문인 화가가 묘사한 내용인데, 지금 읽으면 도저히 상상하기 힘든 기술이 많아 재미있는 문헌이다). 일기에서 추측할 수 있듯이, 이『대동경번창기』건으로 힘들어하는 상황인 것 같지만, 이 일기보다 앞서 쓴 수필 『어느 옛 벗에게 보내는 수기手記』에 '나는 최근 2년 동안 줄곧 죽는 생각만 했다'고 썼으니 이미 자살할 의지는 있었을 테고, 위의 일기 속에 등장하는 히라마쓰 마스코平松麻素子(아

쿠타가와의 비서)와는 이 일기를 쓰기 20일 전쯤에 동반 자살을 시도했다. 특별히 일이 싫어서 자살했을 리는 없다.

어쨌든 앞에서 예로 든 다자이 오사무의 젊은 시절 일기와 비교해보면, 사실 묘사가 훨씬 많아졌다. 그러나 굳이 내 의견을 덧붙이자면, 관찰은 아직 약하다. 사실에서, 복잡한 일이 산적된 현실에서 뭔가를 발견해내려는 자세가 부족하다. 물론 일기에는 그런 게 없어도 딱히 상관은 없다.

상관은 없지만, 그래도 있으면 어떻게 되는지를 다음에 인용하는 일기에서 소개해보겠다. 작가는 나쓰메 소세키다. 현실을 더없이 면밀하게 직시하고, 철저하고 완벽하게 자기의 양식이 될 수 있는 발견을 하고, 자기의 사고를 보다 깊이 다진 문장의 예이며, 내가 자신 있게 단언하는 일본어 사상 최고의 문장이다. 이상에 휩쓸리지 않는, 강철 같은 강인함을 자랑하는 현실을 살아가는 힘을 어떻게 하면 손에 넣을 수 있는지를 보여주는 가장 좋은 일기의 예이기도 하니 부디 성심껏 읽어주기 바란다.

◆ 12월 3일(메이지* 44년 / 1911년)

화장한 유골을 담기 위해 오치아이까지 가야 한다. 기분 좋게 맑게 갠 날씨다. 9시 20분 차로 집을 나섰다. 우리 부부와 교토쿠와 고이치, 그리고 후지가 함께였다. 어제 갔던 길을 다시 지나니 얼마간 친숙한 기분이 든다. 계곡을 사이에 두고 메지로다이와 잇닿아 있는 곳에 고목과 낙엽과 상록수, 그리고 푸른 보리와 푸른 무와 새집이 복잡하게 뒤섞여 보인다. 잎이 거의 다 떨어진 커다란 느티나무 줄기가 길 좌우로 높다랗게 늘어서 있다. 그 줄기는 하얘지고, 가지 끝은 하늘 높이 치솟아 있다. 나무줄기는 튼튼한데, 그 끄트머리에 매달린 가지는 한없이 가늘다. 그리고 그 가지들이 수없이 많이 모여 한 덩어리처럼 보이고, 하늘은 그 가지들 틈새로 비집고 들어오듯 보인다. 그리고 그 높은 나무들이 양쪽으로 늘어선 길은 살짝 휘어서 시야에는 마치 삼각(다시 말해 도로를 가로지르는 지평선을 밑변으로 한), 가늘고 길쭉하고 높은 삼각형처럼 보이며, 그 정점이 가지와 가지가 교차한 점에 있으니 길은 어두울 테지만, 오히려 보통 길처럼 보인다. 가지 위쪽에

* 메이지明治 천황 시대(1868~1912년)의 연호 - 옮긴이

는 노란색을 기조로 파란색을 섞어놓은 듯한 나뭇잎이 달려 있는데, 그것은 언뜻 보면 지저분하게 적셔진 그림붓 끝으로 가지 위에 덕지덕지 색을 입힌 것 같다. 다만, 광선에 따라 각도가 바뀌고 음양이 달라지는 나뭇잎이 제각각 색을 머금는 순간, 일필—筆로 그린 느낌은 자취를 감추고, 매우 복잡한 (색 이상으로 의미 있는 물질)로 보인다.

화장장에 도착해서 아내에게 "열쇠는?"이라고 묻자, 아내는 "잊어버렸어요"라고 대답했다. 어리석은 행동이라는 생각에 화가 났다. 집에서 그곳까지 40분이 걸렸으니, 그때부터 다시 가지러 가면 왕복 80분이 걸릴 테고, 그러면 지금이 10시니까 11시 20분이 되고 만다. 시간이 11시까지라 늦을지도 모르지만, 곧바로 기쿠야의 젊은 남자 차에 후지를 태워서 열쇠를 가지러 보냈다. 유리문으로 비쳐드는 햇빛을 등지고 긴 나무 의자에 앉아 시멘트 토방 위에 두 발을 내려놓았다. 객실에는 관음상이 걸려 있었다. 유골을 담을 사람들이 두세 단체 왔다. 한 조는 할머니들뿐인 네다섯 명 일행인데, 그녀들은 내 하오리, 하카마(가문家紋을 넣은 일본 전통 상의와 하의, 남자의 정장 - 옮긴이)와 문 안쪽에서 대기하고 있는 차에 신경이 쓰이는지 나지막한 목소리로 얘기를 나눌 뿐이었다. 키가 크고 가스리(붓으로 살짝 스친 것 같은 잔무늬가 있는 천 - 옮긴이) 기모노를 입은 남자아이가 와서 활기차게 유골함을 달라고 하더니, 제일 싼 16전쯤 하는 걸로 사갔다. 세 번째는 길게 풀어헤친 머리에 허리에는 각대角帶를 맨, 여자인지 남자인지 분간이 안 되는 사람과 머리를 치올려 묶은 사람과 할머니가 와서 아직 시간은 있지 않느냐고 물었다. 지루해서 화장장 안을 배회하는데, 엔간한(중간 등급)데도 놋쇠에 ○ ○ ○ ○ 전殿이라고 적힌 팻말이 드문드문 걸려 있었다. 그러나 열쇠도 없고, 봉인도 찍혀 있지 않았다. 뒤쪽에는 아름다운 죽순대 숲이었다. 그 너머에는 소나무 장작이 산더미처럼 쌓여 있었다. 그 아래는 푸른 보리밭이고, 그 앞쪽으로는 다시 높은 산등성이가 이어져 있다. 다시 찻집 앞으로 돌아오자, 사무직 남자가 밖으로 나와 개와 장난을 치고 있었다. 이윽고 5분 전 11시 무렵에 후지가 타고 갔던 차가 돌아왔다. 상등上等 1호 앞으로 가자, 살짝 시든 어제 화환이 그 앞에 공양되어 있었다. "자, 봉인을"이라고 하기에 "상관없으니, 열어주시죠"라고 부탁하자, "네"라고 대답한 고보(화장을 책임져주는 사람 - 옮긴이)가 열쇠를 꽂고 '찰칵' 소리를 내면서 검은 철문을 좌우로 열었다. 어스름한 안쪽은 잿빛 둥근 물질과 검은 물질과 하얀 물질이 한 덩어리로 보일 뿐이다. "지금 꺼내겠습니다"라고 말한 후, 레일 두 줄을 앞으로 이어붙이고, 쇠고리처럼 생긴 도구를 관을 얹은 받침대에 걸고 끄집어냈다. 그 속에서 머리와 얼굴 부분과 뼈 두세 개를 꺼내더니, "나머지는 아름답게 장식해서 가져오겠습니다"라며 입구에 놓아둔 단상 위에 그것들을 늘어놓았다. 대젓가락과 나무젓가락을 한 개씩 들고, 우리가 그걸로 집은 머리를 하얀 단지 속에 담으려 하자, "그건 나중에 해주십시오"라며 장식된 나머지 뼈를 들고 왔다. "이는 따로 하시겠습니까?"라고 묻고, 이만 따로 골라 내주었다. 턱을 이지러뜨려서 그 속에서 꺼낸 것도 있었다. 왠지 흰쌀을 고르는 것 같았다. "이것이 배 속에 있는 것입니다"라며 검게 탄 면 같은 물질을 보여주었다. 장腸 얘기겠거니 생각했다. 고보 한 사람은 젓가락으로 유골함을 휘저어 뼈의 부피를 줄였다. 마지막으로 두개골을 뚜껑처럼 덮고 하얀 뚜껑을 얹는 동시에 두개골이 납작하게 찌그러지며 뚜껑이 빈틈없이 닫혔다. 고보가 장갑을 낀 채로 철사를 꺼내서 그것을 묶어주었다. 다시 나무 상자 안에 넣고, 보자기로 쌌다. 차에 탄 후, 내 무릎 위에 얹었다.

살아 있을 때는 히나코가 다른 아이보다 소중하다고 생각하지 않았다. 죽고 나니 그 애가 가장 사랑스러웠던 것 같다. 그리고 남은 아이는 필요 없는 것처럼 여겨진다.

밖에서 걸어 다니다 어린아이를 보면, 그 애는 활기차게 놀고 있는데, 왜 내 아이는 살아 있지 않은지 이상한 생각이 든다.

어제 불현듯 객실에 있던 숯 바구니를 보았다. 그 숯 바구니는 내가 외국에서 돌아와 가정을 꾸렸을 때, 최소한 숯 바구니라도 있어야겠다는 생각에 좋은 걸로 구입한 것이다. 그것은 히나코가 태어나기 오륙 년 전의 일이다. 그 숯 바구니는 아직 아무 문제도 없이 존재하는데, 얼마든지 바꿀 수 있는 숯 바구니는 여전히 있는데, 파손되어도 바로 바꿀 수 있는 숯 바구니는 이렇게 있는데, 둘도 없이 소중한 히나코는 죽어버렸다. 어찌하여 그 숯 바구니와 바꿀 수가 없단 말인가.

어제는 장례식이고, 오늘은 화장, 모레는 납골, 내일은 만약 하기로 했다면 체야逮夜(장례나 기일의 전날 밤 - 옮긴이)다. 몹시 바쁘다. 그러나 모든 노력을 한 후에 생각하니, 모든 노력이 무익한 노력이다. 사死를 생生으로 변화시키는 노력이 아닌 한 모든 게 무익하다. 이보다 안타까운 일은 없다.

내 위에는 금이 갔다. 내 정신에도 금이 간 것 같은 기분이다. 생각이 날 때마다 회복할 길 없는 애수가 밀려오기 때문이다.

아이는 다시 낳으면 된다고 말하는 사람이 있다. 히나코 같은 아이가 태어난다 해도 원통한 마음은 똑같겠지. 사랑은 개별적인 것이다. 고무라(일본의 외교관, 정치가 - 옮긴이) 씨가 죽어도 고무라 씨를 대신할 사람이 있으면, 일본 국민은 그걸로 만족한다. 일로 인해 귀중하게 여겨지거나, 재능과 수완으로 명성과 인망이 높은 사람은 이 점에 있어서, 그 사람 자체가 경애를 받는 사람보다는 매우 손해다. 그 사람 자체에 대한 사랑은 그보다 뛰어나며, 달리 대신할 수가 없는 것이다.

『소세키 전집 17권 일기 및 단편』, 이와나미쇼텐, 1929년

인용하는 부분이고, 하루 일기치고는 문장의 분량도 상당하며, 게다가 이 책의 지면 사정도 있으니 조금 생략해서

소개하려 했지만, 그게 가능할 리 없다. 나 같은 인간에게 소세키의 문장을 줄일 역량이 있을 턱이 없기 때문이다. 이 투철하고 의연한 문장은 일기의 영역을 가볍게 뛰어넘어 하나의 완성된 예술로 승화되었다. 완성된 예술을 출판사의 보잘것없는 이론을 내세워 더럽히는 짓은 도저히 할 수 없다. 나는 그렇게 우수한 편집자가 아니기 때문이다.

그건 그렇고, 이 일기는 소세키의 다섯째딸인 히나코가 불과 20개월 만에 급사해서 장례식을 끝낸 다음 날의 기록이다. 내가 갖고 있는 소세키의 전집은 이와나미에서 아주 오래전에 출간해서 [판권의 발행 연도가 쇼와 4년(1929년)이다] 표기법 등이 얼마간 더 옛날식이지만, 대부분은 무리 없을 테니 읽어주기 바란다.

여기에서 보이는 관찰이야말로 완벽한 관찰 결과를 문장으로 잘 드러낸 사례다. 처참하달까 비장하달까, 가열苛烈하기 짝이 없는 관찰을 끝낸 소세키의 깨달음은 바꿀 수 없는 현실과 무슨 수를 써도 그 현실을 넘어설 수 없는 자신의 모습이었다. 그렇다면 뭐가 좋아서 그런 관찰을 할까…… 이미 결정된, 거역할 수 없는 현실을 모두 긍정하기 위해서다.

너무 자세한 설명은 오히려 세련되지 못할 테니 최소한으로 그치겠지만, 과도하게도 느껴지는 서두의 정경 묘사는 결국 전날 장례 때 지났던 길, 즉 '아주 짧은 시간 접한 광경'을 더욱 세심하게 관찰함으로써 갓난아기라 불릴 만한 시기에 죽은 딸에 대한 추억을, '2년도 채 못 되는 시간만 접한 정경'에 대한 사색을 정리하려는 것이다.

도망치려 해도 도망칠 수 없고, 그렇다고 압살당할 수도 없는 상대 - 그것이 현실이라면, 인간이 배양해야 할 것은 현실의 맹위를 참고 견뎌내는 강한 마음이다. 아직 어린 딸의 죽음 앞에서 그 현실을 확실하게 수용하기 위해 담담히 관찰을 축적하며, 감정에 압살당하길 거부하는 문체는 물론 누구나 쓸 수 있는 건 아니다. 그러나 이런 과정이 괴로운 현실을 살아내는 원동력을 가져다준다는 사실은 이해할 수 있다. 쉽게 흉내 낼 수는 없겠지만, 그렇기에 더더욱 알아둬야 할 방법론이라고 생각한다.

일기에는 현실을 자기 것으로 재정의再定義 내리는 효과가 있다. 흘러가는 대로 살아가는 것처럼 느껴지는 하루라도 냉정히 돌아보고자 한다면, 거기에는 반드시 어떤 깨달음이 포함되어 있다는 것을 아는 재료가 된다. 실제로 아무것도 안 하는 날은 있을 수 없다. 그리고 그 대수롭지 않은 무언가가 어떤 변화의 씨앗이 될 가능성도 결코 부정할 수 없다. 다만, 우리는 살아가면서(그럴 마음이 없더라도) 주변과의 관계성에 조금 과도한 시간과 돈과 정신력까지 가로채여서 놓치고 지나버리는 것이다, 발견의 징조를.

그렇게 놓치고 지나가는 부분을 조금이라도 줄인다면, 이상에 매달리지 않고 현실에 대처하는 굳건한 마음을 기를 수 있다고 나는 믿는다. 그리고 그러기 위한 단련의 수단이 바로 일기다. 물론 그런 발견은 분명 하루 이틀에 나타나지는 않을 것이다. 느긋한 마음으로 임하는 작업이 필요하다. 단, 어느 날 쌓이고 쌓인 일기를 다시 읽어볼 때, 현실을 사랑할 수 있는 실마리를 만날 수 있다는 상정은 가능하다. 일기는 바로 그날을 위해 쓰는 것이다.

17 미술관에 가보자 / 시야를 넓히자

앞에서는 이를테면 '일기를 통한 관찰안 연마'에 관해 언급했는데, 물론 관찰을 거듭함으로써 눈이 단련되는 건 의심할 여지가 없지만 다른 방법에 관해서도 생각해보고 싶다. 왜냐하면 관찰안을 연마하려면 당사자에게 다양한 시점에 대한 내성이 있는 게 좋다고 생각하기 때문이다.

고집스럽게 한 가지 가치관, 한 종류의 판단 기준만 갖고 계속 관찰하는 것도 그 나름대로 악수라고 단정할 수는 없겠지만, 이왕 할 바에는 정보를 입력하는 단계에서 복수의 시야, 시점을 갖춰야 보다 다양하게 관찰할 수 있다. 내가 일기 쓰기를 권하면서 '남에게 읽히는 것을 전제하지 않은 일기'를 추천한 이유는 블로그나 트위터 같은 SNS상의 일기적인 글을 쓰려고 하면, 아무래도 타인을 의식하게 되므로 관찰의 중심축에 타자성이 섞여버릴 염려가 있기 때문이다.

'그것에 관해 쓴 일기는 리트윗이 상당히 많이 됐네. 그렇다면 역시나 다들 그것에 관심이 있다는 건가? 그럼 이번에도 그걸 관찰해서 일기를 써볼까'라는 식의 생각을 초래한다면, 순수하게 나를 위한 관찰이 되었다고 말하긴 어렵다. 독자를 위해 쓴다는 자세는 (읽을거리로서는) 전혀 잘못된 태도는 아니지만, 나는 이상을 버리고 현실을 사랑하기 위한 훈련 중 하나로 일기를 제안했지 파워블로거가 되기 위한 방법론 같은 걸 고려할 뜻은 전혀 없었다.

지금부터는 내 경험칙에 근거한 추찰推察인데…… 타자를 의식한 시점에서 이미 거기에 어떤 이상이 생겨나버리는 사태는 피할 수 없는 게 아닐까. 그렇게 되면 이상을 버리기는커녕 오히려 '좀 더 인기를 끌고 싶다', '인터넷에서 주목받으면 출판사에서 원고 의뢰가 오지 않을까'라는 유형의 이상에 빠져버리지 않을까 의심스럽다.

반대로 타자를 상정하지 않으면, 사고는 늘 자유롭다. 좋아하는 것을 자기 좋을 대로 원하는 만큼 관찰하는 게 허용된다. 관찰의 각도도, 관찰에 사용하는 필터도 자유자재다. 어떤 때는 부정적으로 관찰하고, 또 어떤 때는 긍정적으로 관찰하고, 그런 후에 사고를 더욱 깊이 있게 이끌어갈 수 있다. 자기 자신을 위해 행하는 관찰이니 주의 주장이야 아무리 변경되어도 상관없고, 아니 오히려 하나의 시점에 구애되는 것보다 다양하게 시행착오를 거치며 복수의 관점, 시점을 구축하는 게 폭넓은 사고에는 훨씬 도움이 될 것이다.

따라서 지금부터 내가 제안하는 것은 자기 내면에 다양한 시점을 육성하기 위한 액션이다. 결론부터 먼저 말하면, 나는 미술관에 가는 게 좋다고 생각한다. 미술관에서 미술 작품을 관람하는 것이다. 그림 감상을 통해 자기 내면에 새로운 시점을 구축한다. 이 작업은 매우 즐겁다. 게다가 누구나 실천할 수 있고, 경제적 부담도 거의 없다. 리스크가 적은 방법론이다. 다만, 실행하기 전에 유의해둘 사항이 몇 가지 있으니, 여기에서는 그 부분을 중점적으로 소개하겠다.

그림을 관람할 때, 가장 먼저 주의해야 할 점은 '선입관을 예술은 내게 없어던 시절을 제공해준다.

갖지 않는 것'이라고 생각한다. 흔히 오해하기 쉬운데, 아티스트라고 딱히 훌륭할 건 없다. 단순히 아티스트의 삶을 선택한 사람일 뿐이고, 미술관은 그런 사람들의 생업인 작품을 전시하고 진열하는 장소다. 내가 나름대로 성실하게 하루하루를 살아가듯, 아티스트 역시 하루하루를 열심히 살아간다. 미술관은 말하자면 양자의 삶의 방식 차이를 시각화해주는 장소에 불과하다.

다른 한편으로 모멸이나 회의 같은 선입견도 갖지 않는게 좋다. 오랫동안 미술비평과 관련된 글을 쓰고, 방대한 미술전이나 아트 계열 행사에 얼굴을 내밀 때마다 마주치는 감상자의 의견은 '뭐가 대단한지 모르겠다'는 것이다. 특히 현대미술이라 불리는 작품들에 대해서는 더더욱 그렇다.

'이 정도는 나도 하겠다', '어떤 점에서 감탄해야 하지?'라는 의견이 나오고 마는 이유는 '예술이란 상당한 양의 기술이 승화된 것'이라는 확신에서 기인한다. 예술(예술가, 아티스트)과 공예(장인, 크래프트맨)를 혼동했기 때문이리라. 내가 어린 시절에 경험한 '도화공작圖畵工作'(일본 초등학교의 과목 중 하나 –

옮긴이)이라는 미술교육을 떠올려보면 어쩔 수 없다는 생각
도 든다……. 미술은 시각화된 기술이고, 예술 또한 그 연장
선상에 있다는 이해를 어린 시절부터 각인시켜버리니까.

그러나 실제 미술관은 기술을 진열하고 소개하는 장이
결코 아니다. 앞에서 말했듯이 다른 삶의 방식을 전시하고
보여주는 공간일 뿐이다. 존경도 모멸도 미리부터 품지 않
는 게 좋다고 주장한 이유는 그런 데서 기인한다. 전혀 다른
삶의 방식, 사고방식을 가진 상대와 접하는데 처음부터 존
경하라고 하는 것도 무리이고, 반대로 대뜸 적의를 드러내
며 경멸의 태도를 보이라고 한대도 역시나 불가능하다. 그
러니 지극히 평범하게 미술관에 가보자. 기대감으로 가슴
이 설레는 정도는 괜찮겠지만, 고마워하거나 냉소적인 마
음으로 미술관에 가지 말고 그냥 집 근처를 산책하는 기분
으로 임하는 게 가장 좋다고 생각한다.

두 번째로 주의해야 할 점……이랄까, 내 나름의 제안은
깊이 생각하며 감상하라고 강력하게 권장한다. '모르겠다'
는 사고 방기처럼 재미없는 건 없고, 그렇게 해버리면 얼마
간 지불한 입장료도 아까울 테고, 다른 무엇보다 아무것도

얻지 못한다. '존경도 모멸도 없이 담담히 마주해보았지만 역시나 인연이 없는 타인 같은 존재더군요, 아트는'이라는 결론에 도달했다 해도, 그것이 숙고한 후의 결론이라면 어쩔 수 없다는 생각도 들지만, 힐끔 본 정도로 그런 답을 내는 건 바람직하지 않다. 아트가 제시하는 세계는 소비로만 끝나는 과정을 하염없이 되풀이하는 우리의 시시한 일상과 비교하면 단연코 깊다.

예를 들면 나는 아주 젊은 시절에 용접을 해본 적은 있지만, 도널드 저드(미니멀아트 조각의 선구자 - 옮긴이)처럼 금속을 사용해본 적은 없다. 그런 식으로 금속을 구성하거나 공간을 만들어낸 경험이 없다. 좀 더 말하면 발상조차 할 수 없었다. 더 거칠게 표현하면, 나도 도널드 저드도 금속을 만졌지만 양자가 보는 세계는 완전히 달랐다. 그 차이를 아는 것만으로도 미술관에 가는 의미와 의의는 있다.

용접하고 모서리를 살짝 다듬고 대충 색을 입히는……식의 지극히 편협한 나의 금속관과는 아주 먼 세계를 아트는 제시해준다. 깊이 있게 생각한다면 미술관은 그 정도의 깨달음은 얼마든지 제공해준다. 산책을 하듯이 가보라고 썼지만, 그 산책은 상당한 시간이 소모될 거라는 각오는 필요하겠지.

마지막으로 주의할 사항은, 가능하면 혼자 감상하지 말라는 것이다. '선입관을 갖지 않는 것'과 '차분히 감상하는 태도'의 정밀도를 높여주는 효과가 있다. 혼자 가면 아무래도 주관에 흔들린다고나 할까, 시종일관 자기 사고로만 끝내기 쉽다. 그런데 누군가가 옆에 있는 것만으로도 자기와는 다른 의견을 들을 수 있고, 각자가 사고한 내용을 공유함으로써 사고가 더욱 깊어질 수 있다.

어쨌든 아트가 가져다주는 '몰랐던 세계'의 효력은 시야를 넓히는 데 불가결한 교재가 된다. 효율만 추구하는 사고 태도는 결국 보다 강건한 최대 효율을 추구하는 기계 앞에서는 맥없이 패배한다. 그렇다면 언뜻 보기에는 비생산적이고 무의미하며, 그것을 접하는 것 자체가 시간 낭비라고도 여겨질 법한…… 뭔가의 앞에서 신체와 두뇌를 자극해줌으로써 효율 우선이었던 삶의 방식을 새롭게 바꾸는 계기를 얻어보면 어떨까.

무용無用을 이해하지 못하는 인간이 하는 말을 나는 별로 신용하지 않는다. 그 사람의 행동 패턴은 틀림없이 숫자에서 도출된 공리주의적인 루트밖에 드러내지 못하기 때문이다. 당사자가 그것에 만족한다면 상관없지만, 내가 그것을 따를 이유는 없다. 추종해본들 얻을 수 있는 건 '뻔한 숫자 선물'일 뿐이다. 거기서 가치를 발견한다면 그건 그것대로 행복한 인생일지 모르지만, 지금 이 순간을 즐겁다고 느끼기에는 상당히 약한 가치관이라고 생각한다.

18 된장을 만들어보자 / 독자성을 담보한다

관찰력을 연마하고 시야를 넓히면, 현실 속에도 아직 사랑할 만한 포인트가 많다고 깨닫는다. 별다른 감회가 없었던 몇몇 풍경이 의외로 가슴속 깊이 다가오거나, 읽다 싫증이 났던 책이 갑자기 좀 더 깊은 내용을 서술한 것처럼 느껴지거나, 수없이 해왔던 일인데 뜻밖에 여전히 궁리해볼 여지가 남아 있다거나…… 다양한 현실의 새로운 측면들과 마주하게 된다.

그러나 이왕이면 단숨에 보다 적극적으로 현실을 사랑하는 방법은 없을까? 이미 있는 신변의 재발견만이 아니라 새로운 현실을 마주하는 수단은 없는 걸까? - 있다. 돈과 시간이 어느 정도 필요하지만, 내가 아는 확실한 방법이 있다.

그것을 여기에서 소개하려 한다.

그것은 바로…… 된장을 만드는 것이다. 요리의 핵심, 일상 요리에 없어서는 안 되는 기본 중의 기본 아이템인 된장. 그것을 직접 만들어본다. 방법은 별로 어렵지 않다. 타의 추종을 불허하는 완벽한 된장이라고 평가받을 만큼 대단한 맛을 완성하려고만 하지 않으면, 만드는 순서는 매우 간단하다.

준비할 재료는 콩과 누룩과 소금. 일단은 가능한 한 큰 냄비를 준비하고, 콩을 두 배 이상의 물에 담가 불린다. 하루 내내 불린다. 콩이 충분히 불으면 삶기 시작한다. 약한 불로 세 시간 동안 삶는다. 찌꺼기가 뜨니 정성 들여 걷어내자. 다 삶아졌다 싶으면, 한 알을 입에 넣어본다. 물컹하게 부드러워졌으면 끝이다. 심지가 남아 있는 것 같으면 좀 더 삶자.

그러고 나면 삶은 콩을 으깨는데, 이것이 중노동이다. 삶은 물은 버리고, 남은 콩을 열심히 으깬다. 포테이토 매셔 같은 도구가 있으면 사용해보자. 그리고 끈기 있게 골고루 잘 으깬다. 실제로 해보면 상당히 힘든 작업이다. 보통 콩을

1킬로그램 이상 준비하니까 으깨는 총량도 꽤 많아져서 힘에 부친다. 그러나 이 작업만은 소홀히 하면 안 된다. 정성껏 으깨면 으깰수록 맛이 좋아진다.

거의 다 으깨면, 삶은 콩도 완전히 식는다. 식은 콩에 드디어 누룩과 소금을 섞는다. 양은 내 경험상 콩 1에 누룩 2, 소금 0.5 정도다. 그러나 이건 어디까지나 내 취향이니 비율은 각자 미세하게 조정하시길. 섞는 방법은 어쨌든 균등하게 잘 섞이도록 한다. 소금만 뭉친 덩어리가 생기면 맛있는 된장이 완성되지 않는다. 뭐 하긴, 알맹이가 고르지 않은 것도 애교이긴 하지만, 골고루 섞여야 훨씬 좋은 결과가 나오니 열심히 섞어주기 바란다. 이 단계에서 처음에 썼던 냄비 말고 주둥이가 넓은 용기를 사용하면 섞기 쉽다. 나는 초밥 같은 걸 만들 때 쓰는 나무통을 쓴다.

콩, 누룩, 소금을 잘 섞었으면, 그것으로 경단을 만든다. 크기는 조금 큰 주먹밥 정도일까. 경단이 만들어지면 된장 통에 넣는다. 나무통이면 좋겠지만, 나는 그런 것이 없어서 도기로 된 항아리를 쓴다. 경단을 만들어 그것을 바닥으로 거칠게 던지듯이 담는다. 조절할 자신만 있다면 집어 던지는 정도로 담아도 된다. 그러면 공기가 싹 빠진다. 쓸데없는 공기가 단지 안에 남으면 곰팡이가 쉽게 낀다. 곰팡이는 된장의 천적이다. 경단을 겹쳐 담으면서 꾹꾹 눌러 단지를 가득 채운다. 마지막에는 랩으로 덮는다. 좋지 않은 공기가 들어가지 않도록 하기 위해서다. 그리고 랩 위에 무거운 누름돌을 얹는다. 나는 별로 무겁지 않은 얇은 벽돌을 얹어놓는다. 그런 다음 뚜껑을 덮고 부엌 마룻바닥 밑의 수납공간에 보관한다. 이것으로 만드는 과정은 끝이 난다.

대체로 1년 정도 놔두면 맛있게 숙성된다. 숙성시키는 동안은 아무것도 할 게 없다. 먹기로 들면, 반년 정도면 된장다운 맛은 나지만, 나는 1년 정도 숙성시켜야 맛있게 느껴진다.

지금 선뜻 쓴 '맛있게 느껴진다'는 표현은 나의 주관에 기인한다. 실은 이 주관의 발로야말로 된장을 직접 담그는 최대의 매력이다. 주관은 어떤 대상이라도 행사할 수 있다. 그런데 그 대상이 누군가가 준비해놓은 게 아니라 자기 자신이 선택한 거라면, 보다 뚜렷한 주관을 가질 수 있다. 기성

품인 한창 유행하는 스마트폰 같은 걸 사서 '이건 최고야!'라고 주관을 행사하는 것도 딱히 나쁘지는 않지만, 돈이라는 조건만 붙는 관계성에서 기인한 주관은 조금 씁쓸하고 취약하다. 자기가 소비 분자밖에 안 된다는 사실을 어렴풋이 깨달아버리기 때문이다.

물론 처음에야 그런 관계였더라도 머지않아 애착이 싹틀 만한 시간적 축적이 있으면 괜찮겠지만, 자기가 직접 만든 된장은 차원이 다르다. 말 그대로 재료부터 가공, 그리고 완성됐다고 말할 수 있는 시점까지의 시간 경과, 그 모든 것에 자기의 책임이 연관되며, 따라서 당당한 주관을 가질 수 있다. '이건 내가 만든 된장이야! 음, 그럭저럭 맛이 괜찮네!'라는 식으로. 아니면 '우와, 곰팡이투성이네. 제길, 실패했어! 난 바보야!'라는 억울함으로 덧칠해진 주관이라도 진정으로 정열을 담아 입 밖에 낼 수 있을 게 틀림없다. 현실에 대한 판단 근거로서의 주관, 그 토대를 굳건히 할 수 있는 게 된장을 직접 만들어보는 데서 오는 최대의 메리트다.

그 밖에도 효과는 있다. 예를 들면 긴 시간의 추이도 즐길 수 있다. 보통 세월은 되돌아봐야 비로소 맛볼 수 있는데,

된장은 담아서 처음으로 먹는 그날까지 매일매일 기대감을 가질 수 있다. 아니, 물론 그렇게 매일 기대에 부풀어 수백 일을 사는 건 아니지만, 그래도 긴 시간을 자기 손으로 만든(회사나 사회에서 주어진 미션이 아니라) 뭔가와 나란히 가는 체험은 좀처럼 경험할 수 없으니 상당히 중요하다고 생각한다. 하루하루 흘러가는 현실을 짊어진 존재가 된장이라는 신변 아이템에 위탁되는 과정은 체험해보면 알겠지만 나쁘지 않다. 보람이 느껴진다고나 할까, 착실하게 한 걸음 한 걸음 걸어가는 느낌에 빠져든다.

그리고 마지막으로 강조해야 할 효과가 있다면…… 생활에 오리지널리티가 생기는 즐거움이겠지. 고작해야 된장, 그래도 역시 된장이다. 상당한 빈도로 입에 넣는 아이템이 직접 만든 제품, 손수 탄생시킨 거라는 사실은 자기 앞에 놓인 현실을 고려한 경우 견고한 아이덴티티가 된다. 세련된 찻집에 들어가 제법 조예가 깊은 얼굴로 커피를 마시며 위로받는 아이덴티티와는 차원이 다르다. 그런 건 나만의 시간이니 공간이니 강변해본들 결국은 남이 준비해놓은 기성품일 뿐이고, 잘난 척해봐야 빤하다. 콩을 고르고, 누룩을

반복되는 일상을 얼마나 사랑할 수 있느냐로
행복과 불행이 결정 난다.

음미하고, 소금은 조금 좋은 걸로…… 이런 창의적 궁리에서 비롯되는 재미에 비하면 하찮다고 생각한다(직접 원두를 볶는 커피 마니아는 존경한다…… 실제로 그들이 끓인 커피는 이루 말할 수 없이 맛있을 때가 있다).

사사로운 것이긴 하지만, 확실한 흔들림 없는 현실에 뿌리를 내린 독자성은 그 현실을 사랑하는 데 있어서 결코 손해 볼 게 없는 요소라고 나는 믿는다. 비용이 그리 많이 들지도 않고, 꼬박 이틀 정도의 시간과 노동력은 들지만, 흥미 있는 분은 꼭 한 번 된장 만들기에 도전해봐도 좋을 것이다. 맛은 조금 덜하더라도 분명 사랑스러운 된장이 완성될 게 틀림없다.

19 나만의 뭔가를 만들어보자 /
여백에 가치를 부여한다

예전에 내가 패스트푸드점에서 일하던 무렵의 이야기다. 동료들 중에 나보다 조금 젊은 남자가 있었다. 과묵하고 붙임성은 좀 없지만 일을 척척 잘해내는 남자라 요령이 부족했던 나는 은근히 존경하는 마음도 품고 있었다.

어느 날 그 남자와 교대 근무가 끝나는 시간이 겹쳤는데, 웬일로 나에게 같이 밥을 먹으러 가자고 청했다. 나나 그 사람이나 주로 심야 근무를 해서 그날도 일을 마치고 나니 새벽녘이었다. 문을 연 가게는 비슷한 업종인 24시간 식당뿐이라 조금 전까지 근무했던 공간과 똑같은 장소에 손님으로 들어가는 게 썩 내키진 않았지만, 그 사람의 묘한 박력에 압도되어 하는 수 없이 동의했다.

사건은 가게로 들어가 주문을 하고, 음식이 눈앞에 펼쳐진 직후에 일어났다. 남자가 테이블에 나온 소고기덮밥에 너무 과하다 싶을 정도로 초생강을 듬뿍 올리면서 내게 불쑥 물었다.

"가와사키 씨는 쉬는 날에 뭐 하세요?"

평탄한 억양 속에 감춰진 남자의 통곡을 나는 놓치지 않았다. 남자는 말을 이었다.

"이번 주에 교대 근무를 조금 적게 배정받았잖아요. 조금 쉴까 하고. 그런데 아무 소용없네요, 할 일이 너무 없어서."

남자의 목소리에는 자조도 자학도 아닌, 너무나 '느긋한 조바심'이 깃들어 있었다. 그의 발언을 일중독자의 고민으로 받아들이면 안 된다는 걸 나는 알고 있었다. 시급은 낮았지만, 내가 일했던 프랜차이즈 식당은 과도한 노동시간을 요구하지 않았고, 칭찬할 만한 '보통을 훨씬 높은 수준으로 뛰어넘는 그의 근무 태도'에서도 노동에 대한 원망은 전혀 느껴지지 않았기 때문이다. 그렇기에 더더욱 진지한 고민이란 걸⋯⋯ 지금의 나는 안다.

그러나 그 당시의 나는 여가와 여유 자금을 동인지 제작에 모조리 쏟아부었기 때문에 남자의 고민에 전혀 공감하지 못했다. 그뿐인가, 얼른 소고기덮밥을 그러넣고 서둘러 귀가해서 새로운 기획 구성안을 짜낼 생각에 사로잡혀 있다 보니 이런 말을 툭 내뱉고 말았다.

"할 일이 없다니, 참 재미없는 친구네. 이것저것 많잖아. 놀거나 술을 마시거나. 그런데도 할 게 없어서 무료하면 일해. 일하다 보면 뭔가 발견하겠지."

그 남자보다 일을 훨씬 못하는 주제에 나는 그렇게 잘난 척하는 표현을 무뚝뚝하게 내뱉고 말았다. 지금도 별로 진보했다고 말하긴 어렵지만, 그 당시의 나는 미숙해서 나약한 인간이 용기 내어 밝힌 진정한 나약함의 가치를 알아채지 못했다(그것을 밟아 뭉개는 짓 하나는 특기였다). 우리는 그 후로 거의 대화도 없이 소고기덮밥을 먹은 뒤 헤어졌고, 그 재미없는 대화를 한 다음 주에 그는 얼토당토않은 양의 교대 근무를 자기 자신에게 부여했다. 그리고 내가 동인지 원고 입고 시기라 바쁘다는 핑계로 휴가를 낸 주말의 어느 날 밤, 그는 주방을 청소하다가 팔팔 끓는 기름을 오른팔에 뒤집어써서 손목부터 어깨까지 중도 화상을 입어 입원했고, 그대로 아르바이트를 그만둬버렸다.

나중에 다른 동료에게 들은 얘기에 따르면, 그날 밤 그는 어딘지 모르게 몽롱했고, 대걸레질하는 손길도 정신이 반쯤 나가 있었고, 거동도 조금 이상했다고 한다. 올곧고 성실하고 일을 정확하게 해내는 남자가 설마 폐유구 밑에 웅크려 앉아 손을 뻗을 줄이야…… 전혀 믿기지 않는 실수였지만, 그 실수가 내 발언에서 유래됐다면 사과하고 싶다.

그런데 이 우울한 일화를 이 책에서 활용하자면, 여가를 사랑할 수 없는 한 현실과 성실하게 마주하기 힘들다는 내 나름의 훈계가 도출된다. 일이 즐겁다면, 그건 전혀 나쁜 게 아니니 전력을 다해 일을 사랑하면 된다. 푹 빠져서 일하는 과정에서 사랑스러운 현실이 얼굴을 드러낼 게 틀림없다(내가 아는 범위에서는 일에 불만만 쏟아내는 사람, 일을 전혀 사랑하지 못하는 타입의 인간은 그들이 취미에 온 인생을 바치지 않는 한…… 대체로 시시한 이상의 포로가 되는 경우가 많다).

그렇지만 내가 예전에 종사했던, 끊임없이 단순 작업만 이어지는 일은 좀처럼 사랑하기 힘들다. 화상을 입은 그 남아무것도 없는 곳에 뭔가가 있다.

자도 아마 사랑하는 경지에는 도달하지 못했을 것이다. 불평 한마디 없이 담담하게 정확하게 일을 해냈고, 아마도 일을 사랑하지도 않으면서 단순한 기계가 되려고 했을 것이다. 그리고 그것이 이뤄지지 않아 실패했을 것이다.

아니, 딱히 그를 비난하는 건 아니다. 왜냐하면 나 역시 분명 그렇게는 못하기 때문이다. 대형 패스트푸드점에서 하는 일은 일거수일투족이 거대 프랜차이즈의 체계적인 제사祭祀에 온몸을 바치는 느낌뿐이었지만, 거기에서 종교적인 유열愉悅을 못 느끼는 한 순종적인 톱니바퀴는 될 수 없다. 기계처럼 정확하게 일을 해내는 것은(내가 해냈다고 말하긴 어렵지만) 그저 여가와 여가에 쓸 돈을 벌기 위한 수단일 뿐이다.

다시 말해 여가라는 생활의 여백을 즐기지 않는 한 기계를 제대로 흉내 내기는 불가능하다는 것이다. 나는 그걸 알고 있었고, 그 남자는 그걸 몰랐다. 가르쳐주길 원했던 남자의 애원을 내가 무시한 것은 지금도 안타깝고, 나도 결국은 왜소한 개인주의자인가 반성하게 되지만, 그래도 이미 끝난 일을 이러쿵저러쿵 말해봐야 소용없겠지. 지금은 그저 기계가 되지 않고도 실패하지 않고 살아가는 방법을 소소하게 써나갈 수밖에 없다.

건설적인 이야기를 해보자. 생활의 여백을 삶의 양식으로 삼을 수 있는 사고법을 나는 한 가지밖에 모른다. 그것은 만드는 것이다. 뭐든 좋다, 기성품 말고 자기 손으로 직접 뭔가를 엮고 만들어내면 현실은 빛을 발한다.

내 경우는 그것이 얇은 책이었다. 동인지라 불리는 수십 페이지밖에 안 되는 책들이다. 내용은 취광적인 소설이거나, 서툰 그림이 늘어선 만화라고 부르기도 민망한 보잘것 없는 작품이거나, 거드름 피우는 사이비 아트북 등등 다양하다. 지금 와서 다시 읽어보면 부끄러운 것들뿐이지만 전혀 후회되지 않고, 적어도 그것을 만들었던 순간의 충족감은 지금의 나를 있게 한 귀중한 원재료가 되었다. 아마추어의 손장난이라고 놀려도 좋다. 누가 비웃든 나는 동인지로나 자신을 구제했다. 그 사실이 현시점에서 내가 살아 있다는(아마도 앞으로 계속 살아가는) 증거가 된다.

앞에서 말했던 된장 같은 '생활필수품을 직접 만드는' 작업에 익숙해진 후라도 좋다. 현실을 보다 적극적으로 사랑하고 싶다면, 이뤄지지 않는 이상에 욕을 퍼붓는 날들에 이별을 고하고 싶다면, 뭐든 상관없으니 만들어보자. 시든 그림이든 노래든 좋으니 만들어보자. 창조성 냄새가 물씬 풍기는 그런 것들에 저항감이 느껴진다면, 경계선이 빠듯하긴 하지만 정원 가꾸기나 오토바이 개조처럼 기성품을 그냥 사는 것과는 다른 묘미를 맛볼 수 있는 매체가 얼마든지 있으니 찾아보기 바란다.

조언 비슷한 말을 한 가지 덧붙이자면, 그렇게 만든 것을 타인에게 보이는 의무를 자기에게 부여해보라고 권한다. 특히 창작 비슷한 것을 여가의 유희로 즐긴다면, 그 과정은 빠뜨릴 수 없다. 나만을 위한 시를 짓는 게 결코 나쁘다는 의미는 아니다. 그러나 나라는 독자 한 사람만을 위해 문장을 엮는 작업은 상당히 힘들다.

나는 최근에야 간신히 익숙해졌는데, 그것 역시 결국에는 남에게 보이려는 의지가 깃들어 있다. '이래서야 남에게 보일 만한 수준은 못 되네. 심심풀이로 끝내자'라고 생각해버리면, 좀처럼 손이 움직이지 않는다. 나를 움직일 동기가 솟아나지 않는다. 딱히 타인에게 좋은 평가를 기대하는 것도 아니고, 하물며 창작물로 어느 정도의 대가를 얻으려는 속셈도 없다. 무시당해도 상관없다(무시당하는 것도 사회와의 훌륭한 커뮤니케이션 중 하나라고 생각한다).

내가 만드는 동인지는 항상 적자다. 사는 사람은 적고, 인쇄비는 매출보다 늘 많다. 그래도 상관없다. 타자가 개입하는 공간에 조용히 한 자리를 얻기 위한 자격이 동인지이며, 그러기 위해서 나는 지금도 꼬무락꼬무락 만들어간다.

그렇다면 메리트는 무엇일까? 일단 예정이 뚜렷하게 잡힌다. 복제 예술작품은 보통 그렇지만, 복제의 기술적인 공정은 타인에게 맡기는 경우가 대부분이다. 원고를 종이에 인쇄하고, 제본하고, B5 크기로 가지런하게 맞추는 작업을 나는 할 수 없다. 그래서 인쇄업자에게 부탁한다. 그러다 보니 필연적으로 원고 입고 시기…… 마감이 발생한다.

적절한 마감은 생활에 리듬을 가져다준다. 대수로울 것 없는 시간, 예를 들면 회사에서 퇴근하는 길이나 저녁을 먹고 나서 잠들 때까지의 시간 같은 생활의 여백에도 영향을 미친다. 나는 아이디어를 짜내기 위해 머리를 쓰겠지. 혹은

운 좋게 전철에서 자리를 잡았다면 맹렬히 콘티를 짜거나 노트북 컴퓨터를 열고 키보드를 두드릴지도 모른다. 아무런 저항도 없이 멍하니 보냈을 시간이 갑자기(마감에 대비해서) 의미 있는 시간으로 기능하기 시작한다.

제3자가 보면 내 동인지쯤이야 이 세상에 있거나 말거나 아무 상관없을 테니, 내가 멍하니 자든 히죽히죽 웃으며 종이 견본첩을 뒤적거리든 내 행위는 사회적으로 무의미하다. 그러나 내게는 의미가 있다. 내 현실에는 의의가 있다. 내가 현실을 사랑하는 의지가 된다. 내일도 (권태로운 혹은 자극적인) 현실을 살아가기 위한 리듬을 안겨준다는 점에서는 중대한 미션인 것이다.

뭐든 상관없으니 뭔가를 만들어보자. 그러면 여백에 가치를 부여할 수 있다. 현실을 사랑하기 위해서는 그것이 의외로 가장 효과적인 방법이 아닐까 생각한다.

20 과거를 돌아보자 / 무용을 사랑하자

　내 손으로 직접 뭔가를 만든다는 것의 장점은 자기가 무엇을 할 수 없는지 명쾌하게 알게 된다는 데 있다. 앞에서 동인지를 예로 들었는데, 나는 동인지 즉석 판매회에 열심히 참가할 때마다 감탄하고, 경악하고, 감동하기 일쑤다. 물론 나에 대해서가 아니다. 주위의 다른 작가들과 그들의 작품에 대해서다. 그들은 훌륭한 수준으로 그림을 그리고, 용케 떠올렸다 싶은 스토리텔링을 선사해주며, 믿을 수 없을 정도로 밀도 높은 한 권을 완성해낸다. 나처럼 평일은 회사원으로 일하면서 여가를, 생활의 여백을 부지런히 활용하며 경탄할 만한 작품을 만드는 사람도 있었다.

　나 역시 여가를 이용해 꼬물꼬물 펜을 움직일 각오였지

만, 대체로 다른 사람의 동인지가 더 뛰어나다. 재미있고 멋지고…… 완성도와 읽은 후의 만족도도 더 높다. (동인지의 내용과 방향성이) 2차 창작일 때는 코믹마켓(일본 도쿄 아리아케에서 개최되는 동인 이벤트이자 세계 최대 규모의 코믹스 축제 중 하나 - 옮긴이), 오리지널일 때는 코미티아COMITIA(도쿄에서 1년에 4회 개최되는, 창작 장르에 한정된 동인지 즉석 판매회 - 옮긴이)로 나뉘가면서 1년에 4회 정도 신간을 만들어 동인지 즉석 판매회에 참가하는데, 그럴 때마다 나는 존경을 금할 수 없는 책들을 만난다. 이 정도니 나는 아마도 내 동인지를 세상에 읽히고 싶은 소망보다 사랑하고 존경할 수 있는 책과의 조우를 바라는 마음이 더 강한지도 모른다. 그것이 내게는 큰 공부다.

뛰어난 타인을 순순히 존경할 수 있게 되면, 현실을 사랑하는 길이 눈에 들어온다. 나는 내 손으로 만든 '이상적인 동인지'를 추구하지 않고, 현실에 존재하는 내 책보다 뛰어난 책과의 만남을 기뻐하고 사랑하며, 삶의 주요 목적으로 삼는다. '이런 책을 읽고 싶다'는 이상이 있는 게 아니다. 눈앞에 있는, 내 것이 아닌 다른 누군가의 책을 성심껏 읽고 파고들어서 거기에서 사랑을 발견하는 게 즐거울 뿐이다.

그런데도 내가 직접 동인지를 만드는 이유는 물론 앞에서 기술한 여백을 사랑하는 게 주요 원인인 건 확실하다. 그러나 아마도 독자나 구매자에 전념해버렸을 때, 다른 책을 보며 품을 수밖에 없는, 바라는 마음(이상의 맹아)을 두려워하기 때문이지 않을까. 일단은 책을 만드는 사람들과 나를 동렬同列에 놓아야 그들의 대단함, 훌륭함을 보다 겸허하게 받아들일 수 있다는 계산도 깔려 있다.

만든 결과를 타인에게 보이는 것의 중요성과 재미는 앞에서도 가볍게 언급했다. 그러나 좀 더 상세하게 설명하자면, 예를 들어 동인지 즉석 판매회 같은 자리에서 타인에게 자기를 내보이는 과정은 자기가 얼마나 뛰어나지 못한가를 확인하고 발견하는 단계를 제공해준다는 이점이 있다. 창조적인 행위가 자칫 초래하기 쉬운 위험한 덫은 흔히 말하는 '자기만족'이라는 것이다.

최근에는 기술 진보 등의 후원에도 힘입어서 매우 그럴 듯하게 완성될 때도 있고, 자기도 모르게 '와, 좋은 작품이 완성됐네'라며 만족해버리는 경우도 있지만, 그것은 바람직하지 않다. 만족해버리면…… 싫증이 난다. 아니, 싫증을 낼 정도면 애당초 진지함이 부족했겠지. 오히려 더 두려운 것은 성장이 멈추는 것이다. 그렇게 되면 나는 지금도 앞으로도 쓰레기를 양산하게 된다. '이것이 나다움이다!' 같은 어리석은 생각에 빠지기라도 하면, 내일 만들어질 동인지나 어제 완성된 것이나 별 차이가 없는 수준에 머무른다.

그렇게 되지 않기 위해서라도 타자를 존경하고, 자신의 부족함을 알아차릴 필요가 있다. 타자를 사랑하면 자신의 부족한 부분이 보일 테고, 개선점도 이해될지 모른다. 그것을 순순히 과제로 인정하고 눈앞에 있는 벽을 깨달으면, 현실에서 해결해야 할 대상을 자기 자신에게 알려줄 수 있다. 모두 좋은 점뿐이지 않은가…….

그렇게 생각하면서도, 그런 사고 자체가 안일한 이상에 중독됐다는 것도 나는 지적해야 한다. 건설적인 사고 형태는 그것이 흔들림 없는 견고한 과정에 기반을 두더라도 이상의 간판을 짊어지기 쉽다. 그래서 나는 그 가능성도 언급해두고 싶은 것이다.

아니, 물론 위에서 기술한 성과를 얻을 수 있는 가능성도

걸어온 현실에는

반드시 의미가 있다.

있고, 그 부분은 부정할 수 없다. 실제로 나 역시 그런 경험으로부터 배웠다는 자부심도 있으므로 현실을 다시 직시하기 위해서는 타인이라는 교재의 존재가 유용하다. 시야 협착이 생기기 쉬운 나의 좁은 시야를 넓혀주는 타자라는 세계를 절대 무시하면 안 된다. 관계를 끊어서도 안 된다. 바로 그들 속에 현실과 함께 걸어가는 방법론이 숨어 있으니까.

그러나 한편으로 아무것도 얻지 못하는 경우도 있다. 여백을 사랑하라고 언급한 내가 여백을 이용해서 엮어낸 뭔가가 아무것도 아닌 경우가 종종 발생하는 사태다. 무의미한 짓을 했구나 탄식할 때가 한두 번이 아니다……. 그뿐인가, 인생의 절반 가까운 시간이 무의미했던 것 같은 기분까지 드니 신기하다(나는 내게 용케 생존을 허락해줬구나 싶은 마음에 자주 감동까지 한다).

혹은 소비한 시간, 투자한 금전이 무용無用하게 끝났다는 걸 깨닫는 경우도 살다 보면 자주 발생한다. 첫째로 현실을 사랑함으로써 창조적인 의미에서 성장 가능성이 있다고 앞에서 기술했는데…… 그게 뭐 어떻단 말인가? 예를 들어 선

190

언한 대로 내가 현실과 열심히 보조를 맞추고, 쓸데없는 이상에 사로잡히지도 않고, 존경할 만한 타자와 접촉하면서 아주 조금 진보했다고 쳐도 결국 만들어지는 건 어차피 새 동인지 한 권이지 않은가, 내 경우에는. 그게 무슨 의미가 있지? '예전 것보다 그나마 조금 읽을 가치가 있는' 동인지가 완성됐다고 해본들 그게 대체 누구에게 이로운 것일까?

그래, 인정해버리자. 쓸데없다. 내가 생활의 여백을 이용해서 꾸준하고 성실하게 엮어낸 작품은 제3자에게 무가치하고, 성장이니 진보니 변화니 하는 긍정적인 말을 붙여줄 만한 값어치가 있는 개념의 관점에서 무의미하며, 나의…… 물질적인 세계관에서 보면 무용하다.

그럼 동인지 따윈 안 만들면 되지 않느냐는 의견이 있다면, 그것은 위에서 거론한 세 가지 시점에서는 완전히 옳은 말이니 부정할 수 없다. 주뼛주뼛 도화지에 그림을 그릴 시간이 있으면, ○○세미나 같은 기업형 연수에나 얼굴을 내밀고, 인사하는 방법이나 이메일 작성, 기획서 작성법이나 프레젠테이션 연습에 시간을 쓰는 게 나을 것 같다—그러나 천만에, 내가 왜 그런 걸 하겠는가.

시시하다. 외부에서 주어진 그런 이상의 포로가 되느니, 나는 차라리 무용한 것들을 계속 만들어갈 것이다. 무용을 무의미하다고 믿기 때문에 자기만족과 정반대되는 심경, 자기불만족을 오늘도 지속시키기 위해 무용을 설계하고, 무용을 구축하고, 무용을 실천한다. 그러기 위한 여백이다. 그것을 계속 쌓아온 과거를 나는 내가 낳은 무용한 것들에서 배운다[그것들은 대체로…… 벽장 깊숙이 넣어둔 상자 속에 처박혀 있다. 정말이지 어쩌자고 「아이돌 마스터 신데렐라 걸즈(휴대전화용 소셜 게임 및 애니메이션 제목 - 옮긴이) 제자백가」 같은, 소셜 게임과 중국 고전을 섞은 정체 모를 100페이지짜리 컬러풀한 동인지를 100부나 인쇄해버렸을까].

기쁜 일이든 안 좋은 일이든 대체로 바로 잊어버리는 내가 무용을 거듭해온 시간은, 여하튼 그걸 위해 시간과 돈만 허비했을 뿐인데, 좀처럼 잊으려 하지 않는다. 그걸 어떻게 잊겠느냐는 마음이 강해서겠지.

확신범으로 무용을 쌓아올리는 데 익숙해지면, 무용에 대한 애정도 차츰 솟아난다. 동인지 재고 같은 건 무용의 극치지만, 애당초 동인지로 장사할 생각은 털끝만큼도 없었기에 최근에는 애정까지 생긴다. 출판사에서 편집자로 일

무용만큼 사랑스러운 건 없다.

해서 드는 생각일지 모르지만, 내 동인지의 재고쯤은 애교 수준이다…… 대형 출판사들이 안고 있는 반품 숫자에 비한다면(그리고 그들과 나의 차이는 태도에서 보다 선명하다. 그들은 자기들이 땀 흘려 만든 무용을 결코 사랑하려 하지 않고 문서재단기에 올려버린다. 나는 벽장을 살찌우고 가끔은 꺼내서 손에 들고 읽곤 한다. 그들은 무용을 버리고 또다시 이상을 좇기 시작한다. 나는 무용을 끌어안고 지금 이 순간만을 사랑한다).

무용을 사랑하는 것이야말로 '이렇게 되고 싶다'는 이상이나 '그렇게 했으면 좋았을 거라는' 후회에서 자신을 지키는 최고의 수단이다. 그러기 위해서는 어느 정도 자각적으로 무용을 생산하는 작업을 알아야 하겠지만…… 알아둬서 손해 보는 작업은 아니다.

내가 아는 방법론은 지금 상황에서는 동인지를 만드는 것뿐이지만(뫤장 만들기는 무용하지 않으므로), 찾아보면 훨씬 많을 게 틀림없다. 무용을 찾는 여행도 나름대로 인생의 좋은 지침이 될지 모른다. 그것을 이상으로 삼는다면…… 이 책의 주제를 배신하게 될 테지만 '시시한' 혹은 '괴로운' 이상, 그런 공리주의적인 혹은 실용주의적인 이상과 근본적으로 다른, 탁월한 이상이라 부를 수 있을지도 모른다.

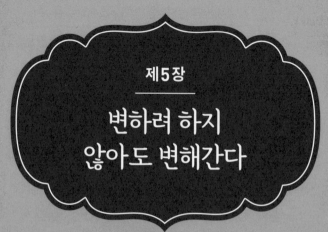

제5장

변하려 하지
않아도 변해간다

현실과 성실하게 마주하다 보면
어느새 잘 살게 된다.

이상을 버리라는 말이 변화를 거부한다는 뜻은 아니다. 이 책의 서문에서도 언급했듯이, 사람은 이상에 매달리지 않고도 변화할 수 있는 존재……라고 나는 생각한다. 따라서 마지막 장에서는 제3장의 사고 태도, 제4장의 구체적인 실천에 맞춰서 변화의 성질에 관해 생각해보고자 한다. 어떤 변화를 상정할 수 있고, 또한 우리가 일상에서 어떤 변화를 디자인할 수 있는가 하는 부분을 언급하는 것이 이번 장의 목적이다.

상당히 고통스러운 말을 하게 될지도 모른다. 이건 아니다 싶을 정도로 괴로운 말을 엮어갈지도 모른다. 그러나 분명…… 자신은 별로 없지만, 그것들은 필요한 통증이 될 거라고 나는 상상한다. 현실을 사랑하는 것은…… 지금까지는 일부러 말하지 않으려고 주의했지만, 사실은 매우 고통스러운 일이기도 하다. 다만, 그 고통의 소용돌이 속에서야말로 사랑할 만한 현실이 얼굴을 내밀 때가 있다. 그것을 깨닫기 위해, 혹은 그것들이 저절로 싹틀 수 있게 하기 위해서는 무엇을 할 수 있는지 생각해보자.

21 강한 의견을 갖지 않는다

　주의나 신조는 갖지 않는 게 좋다. 그것들은 이상을 불러들이기는 해도 잊었던 현실을 재발견하는 데는 도움을 주기 힘들기 때문이다. 예를 들어 자연이라는 개념에는 흔히 '지킨다'는 동사가 따라붙는데, 이것은 자연을 전혀 이해하지 못한 표현법이라고 생각한다. 게다가 그 동사의 주어가 인간인 경우에는 그보다 부자연스러운 표현도 없을 거라는 생각에 어처구니가 없다.

　'다 같이 자연을 지키자'는 취지의 문장을 맞닥뜨릴 때마다 나는 말문이 막힌다. 왜냐하면 이 경우에 지키고자 하는 것은 자연이 아니라 자연에 갖다 붙이고자 하는 인간의 어떤 가치관이기 때문이다. '자연 본연의 모습은 어떠어떠해야 한다'는 인간이 만들어낸 이상이나 가치 기준 등을 준수해야 한다는 호소 자체는 매우 소중할지 모르지만, 그것은 절대로 자연 자체를 지키는 게 아니다. 단지 그렇게 되어 있는 상황, 있는 그대로의 상태를 가리켜서 원래는 자연이라고 부르는 것이다.

역사에서 모범을 찾아보면, 굳이 표현하자면 '살기 위해 자연과 대치對峙한다'는 쪽이 '자연'의 추이로 봐서는 훨씬 적절하다고 여겨지는데, 과연 어떨까. '아름다운 자연을 보며, 이 아름다움을 지키고 싶다고 생각하는 건 인간의 자연스러운 심정 아닌가'라는 의견이 있다면, 부정한다. 나도 물론 산이나 바다를 보고 아름답다고 느낄 때가 있지만, 그것은 절대 타고난 감정이 아니다. 성장 과정에서 축적된 교육의 결과, 만들어진 가치 기준이다.

이렇게 '한 가지 사고방식에 사로잡히면, 반대 측 시점이나 다른 의견을 갖기 힘들다'는 것을 극단적인 예를 들어 소개했는데, 물론 여기에서 언급한 나의 사고가 정통적이라는 생각은 전혀 없다. 위에서 거론한 내용은 내가 현시점에서 바라보는 자연에 대한 의식을 글로 표현했을 뿐이고, 그것은 어디까지나 지금 이 순간에 가진 생각이다. 다음 주에는 내가 자연에 대한 어떠한 인위도 긍정하지 않는 강건하고 원리주의적인 자연보호주의자가 될지도 모른다. 아니면 내년에는 사람의 손으로 자연을 이렇게 저렇게 하겠다는 발상 자체가 주제넘고, 자연 파괴라고 주장하는 문구 자체가 인간의 우쭐한 자부심에서 비롯됐다는 말을 하게 될지도 모른다.

나는 그런 변화를 예기할 수 없다. 예측조차 할 수 없다. 왜냐하면 내 가슴속에는 강경한 지침이 없기 때문이다. 나는 앞으로 맞게 될 미래에 다양한 사람을 만날 테고, 여러 가지 의견을 들을 것이다. 그런 상황에서 선입관이나 고정관념, 강경한 가치관을 주장해서 그들에게 얻을 수 있을지도 모를 새로운, 다른 각도의 의견이나 말을 거부하고 싶지 않다. 그 시점에서 내 생각과 완전히 반대되는, 혹은 전혀 다른 것과 부딪힌다면…… 그것은 행복한 일이다.

나는 그렇게 마주한 새로운 의견을 점점 흡수할 것이다. 흡수하고, 그때까지 갖고 있던 의견을 과감히 버리고, 새로운 의견으로 갈아탈지도 모르고, 혹은 의견을 규합해 더욱

큰 목소리에 동조해서 외치는 게
가장 위험한 삶의 방식이다.

새로운 의견을 만들려고 할지도 모른다. 어떻게 될지는 잘 모르지만, 지금과는 다른 인간으로 변화할 것만은 자신 있게 말할 수 있다.

이 변화는 변절이라 부를 수도 있을 테고, 실제로 누군가에게는 지조 없는 사람으로 보일 수도 있다. 그렇지만⋯⋯ 마음의 안녕을 지키며 살고 싶다면, 절대 악수를 두는 건 아니다. 나는 이런 태도가 대인관계 면에서도 유효하다고 느낀다.

한결같다는 칭찬의 말도 듣기는 좋을지 모르지만, 고집쟁이로 보이거나 융통성 없고 사리에 어둡다고 경원시당하는 사태와 표리일체라고 말할 수도 있다. 내 개인적 의견으로는 완고한 사람을 절대 나쁘게 생각하지 않으며, 완고한 사유가 절대 무너지지 않을 것 같았던 벽에 구멍을 뚫는 것을 몇 번이나 본 적이 있어서 멋지다는 느낌마저 갖고 있다.

그러나 그런 한 가지 강경한 의견이나 지침을⋯⋯ 지금 당장 가질 필요는 없겠지. 긴 여정을 거치며 달인의 경지에 도달하는 과정에서 이거다 싶은 하나의 확고한 가르침을 체현하면 될 테니, 내가 아직은 도정에 있다고 느끼는 동안은 이리저리 헤매고 이것저것 고민하고 좌우로 입장을 바꿔도…… 아무 문제가 없다. 그렇게 함으로써 얻어지는 성장의 계기를 더 소중히 여기고 싶다.

22 너무 먼 미래는 생각하지 말자

　무계획은 비난받아 마땅할지 모르지만, 너무 지나치게 계획대로 하는 것도 재미없다. 모든 게 예정대로 진행된다면, 생각지도 못했던 만남이나 예상 밖의 결말을 손에 넣긴 어렵겠지…….

　그런데 그 조절은 실로 미묘해서 이 책에서도 현실과 당당히 마주하는 중요성을 되풀이해 강조했지만, 곰곰이 생각해보면 눈앞의 현실을 직시했을 때 인간은 아무래도 앞으로 다가올 미래를 조금은 상상하게 마련이다. 철두철미하게 눈앞의 현실만 파악할 수 있다면 그건 그것대로 멋지겠지만, 지식이나 경험은 자기도 모르는 사이에 쌓여버리고, 그렇게 되면 그런 경험 지식이 판단의 지침이 되어버리는 건 막을 수가 없다.

예를 들면 일할 때, 눈앞에 막대한 분량의 업무를 맞닥뜨렸다고 가정해보자. 이상에 지배당하지 않으려고 주의하는 나는 일단 담담히 업무를 처리하려고 의식한다. 그러나 일정 정도의 경험이 작업 종료까지 걸리는 시간을 예측해버린다.

'번역 원고 편집이군. 뭐, 이 정도 분량이면 이번 주에 열심히 하면 어떻게든 끝나겠지'라는 식으로. 아니, 사실은 그 다음도 내다본다. '그렇다면 편집디자이너에게 텍스트를 다 넘기는 시점은 내일모레일까. 인쇄소 입고가 다음 주 주말이니까 디자이너의 작업 시간은……' 하는 식으로 그다음 전개까지 예측한다. 이렇게 되면 예측이라기보다 이미 완벽한 과정이며, 그대로 처리하지 않으면 실패하는 타입의 업무인 것이다. 절반 이상 확정된 미래(반드시 확정시켜야 하는 미래)이고, 계획대로 할 수밖에 없는 종류의 미래다.

이런 부류의 예측까지 방기하고 오로지 현실만 보라는 것은 너무나 비현실적이다. 일이 안 된다. 그래서 나는 업무 중에 자주 가까운 미래를 잠깐씩 내다보곤 하는데, 바로 이

부분 때문에 조절하기가 어렵다. 결국은 미래를 어디까지 내다볼 것인가에 대한 숙고가 가장 중요하다.

예를 들어 몇십 년 후의 미래, 흔히 장래라고도 불리는 미래 시제에 마음을 뺏기면 현실은 대체로 고생으로 허덕이게 된다. '지금 월급으로 그냥 60대가 되어버리면…… 흐음, 저축은 얼마나 할 수 있을까? 노후가 불안하네'라는 마음도 들고, 어쩌면 의욕이 꺾일지도 모른다. 설령 거기에 희망을 충분히 주입한대도, 처음에야 물론 의욕의 원천이 될지 모르지만, 경험을 쌓아가며 이뤄지지 않을 거라고 깨달아버리면, 오히려 현실과의 간극에 마음만 피폐해질 것이다.

그렇다면 역시 눈앞의 연장선상에 없는 미래, 너무 먼 미래는 그려보지 않는 게 좋다고 생각한다. 활동하는 데 필요한 최소한의 미래는 물론 알아둬야 하고, 거기에 계획을 세우는 것도 우리 삶에는 필수적인 테크닉일지 모르지만, 자기의 기력을 죽이는 결과를 초래할 바에는 먼 미래를 그려보는 흉내는 안 내는 게 최고다.

그보다는 오히려 지금 발을 디디고 있는 현실을 분명하게 알자. 가까운 미래를 생각하는 것은 악수는 아니라고 했

미래 생각만 하면 피곤하고 진지하기 힘들어진다.

듯이, 지금 상황을 자세히 조사하는 행위는 아주 가까운 미래의 정밀도를 높이는 데 도움이 될 것이다. 나 같은 삼류 편집자도 지금 처한 현실만 직시하는 작업을 되풀이한 덕분에 그럭저럭 '회사에서 살아남는' 기술만은 몸에 익힐 수 있었다.

좀 더 다른 각도의 사례도 생각해볼까……. 예를 들면 애인 같은 존재도 이 구도가 적용될 것이다. 사랑하는 사람과 나란히 선 순간, 그야 뭐 언젠가는 먼 훗날을 생각해야 하는 시점은 있겠지. 그렇지만 너무 먼 미래를, 하물며 의무적으로 상기하려 들면 힘들다. 즐거운 시간을 빼앗길 수 있고, 혹은…… 지금만 발견할 수 있는 애인의 멋진 웃는 얼굴을 놓치고 지나가는 결과로 이어질지도 모른다. 그래서야 시간이 아깝다('아깝다'는 개념도 장기적인 미래 사고에서는 생겨날 수 없다고 최근에 느낀다. 그도 그럴 것이 수십 년 앞을 생각하면 어떻게든 될 것 같은 생각이 들어버리지 않을까. 오히려 피부로 느낄 수 있는 수준의 미래, 1개월 후나 3일 후나 5분 후…… 그런 수준의 미래에서 결과를 역산해야 생기는 개념인 것 같은데, 과연 어떨까).

시간을 헤프게 소비하고 싶지 않다면, 역설적일지도 모

르지만, 미래보다는 지금을 분명하게 직시하라는 게 나의
의견이다.

23 똑같은 것은 하나도 없다

강하게 주장하지 않는다, 너무 먼 미래를 그려보지 않는다…… 정말로 그것으로 이 장에서 주장하려는 '변하려 하지 않아도 변해간다'는 주제가 실현될 수 있을까?

예를 들어 '강하게 주장하지 않고, 지나치게 장래 생각을 하지 않으려고 노력했더니 어느새 5년이나 틀어박혀 지내지 않았는가! 그런데도 내가 변했다고 말할 수 있나?'라는 질문을 받는다 해도 나는 가슴을 당당히 펴고 '변했다'고 대답할 수 있을까?

대답할 수 있다. 우리는 자주 오해하는데, 변화는 외부 요인에 의해서만 초래되는 게 아니다. 그리고 외부 요인에 호

아무것도 없는 현실이 있는 것만으로도 기쁘다.

웅하는 내부 요소는…… 개개인마다 다르다. 또 한 가지 범하기 쉬운 실수 중에 우리 자신이 무의식적으로 해버리는 '집단화'나 '태그 붙이기' 같은 행위를 들 수 있다.

앞의 질문만 보더라도 '5년이나 틀어박힌 사람들'을 통틀어 '니트'(취업에 대한 의욕이 없는 자발적 실업자 - 옮긴이)라고 부르거나 제대로 된 통계도 없이(통계를 내더라도 얼마나 신뢰할 수 있을지 의심스럽지만) '30대 남성은 일반적으로……'라고 큰소리를 치기도 한다. 그런 행태는 모두 변화를 보기 힘들게 만드는 재료가 된다. 현실에서는 '5년간이나 틀어박힌 30대 남성'에도 여러 유형이 있고, 그들은 모두 다른 인간이며, 신체적 요소도 사고도 교양도 가치관과 지향하는 바도 제각각이다.

당연히 평균치에는 아무런 의미도 없다. 어떤 사람은 늙은 부모에게 매달려 신세를 지고 살지도 모르고, 어떤 사람은 물려받은 재산으로 편하게 먹고살지도 모르고, 노동하지 않는 시간을 발표하지도 않을 소설 집필에만 쏟아붓는 사람이 있는가 하면, 오로지 인터넷에 매달려 온갖 악담 유형을 리서치하기에 바쁜 사람도 있을지 모른다.

그렇게 개개인의 성질이 다르기 때문에 당연히 외적 요인을 같은 양, 같은 기간 동안 꾸준히 투여했다 해도 결과는 개별적으로 달라지는 게 전혀 신기한 일이 아니다.

예를 들면 '5년간이나 틀어박힌 30대 남성'인 A씨와 B씨가 '동일본대지진'이라는 외적 요인을 맞닥뜨렸다고 치자. A씨는 별로 친하지 않지만, 20대 초반에 교류가 있었던 지인을 잃었을지도 모른다. B씨는 이웃에 사는 동년배 여성이 갓 태어난 아기에게 원자력 사고 영향이 미칠까 두려워하는 모습을 보았을지도 모른다. 두 사람이 사는 장소, 가족 구성, 취미나 기호 등 모든 요소가 다르다고 치면, 외적 요인 등장 전후에 양자는 어떻게 변화했을까. A씨는 실의에 빠져 자살을 기도할지도 모른다. B씨는 이런 상황일수록 살아남아 후손 보존에 노력해야 한다고 분발해서 취직을 하고 인생의 동반자를 찾을지도 모른다······. 빈곤한 내 상상력이 민폐가 됐겠지만, 어쨌거나 가능성은 다양하고, 그것들은 모두 조금도 비슷하지 않다(전혀 다른 결과를 시뮬레이션할 수 있다는 의미가 된다).

요컨대······ 개개인이 다른 존재인 이상, 설령 '아무것도 하지 않는다'는 외적 요인이 투여된(투여해본들 받아들이는 방식이 다르기 때문에) 복수의 사람들이더라도 비교하면 결과 역시 다르다. '내가 변했을까'라고 의심하는 사람은 시험 삼아 자기와 똑같은 처지에 있다고 여겨지는 사람을 면밀하게 관찰하고, 일정 시간이 경과한 후 겸허하게 비교해보면 좋다. 그 사람과 당신은 전혀 다른 인간이라는, 곰곰이 생각해보면 지극히 당연한 사실과 맞닥뜨릴 것이다.

세대론 같은 걸 좋아하는 사람이 많듯이(나는 싫어하지만), 어떤 집단의 성질을 규정짓고, 명칭을 붙이고, 무리하게 찾아낸 그 집단의 공통된 경향이나 특징을 풀어놓고 싶어 하는 욕망이 인간에게 있다는 것을 나는 안다. 그런 수요에 부응하는 서적이나 TV 프로그램이 수없이 존재하는 것도 이해한다. 그러나 현상이 그렇다고 굳이 거기에 따를 의무는 전혀 없다.

'무직자 젊은이'가 모두 같은 생각을 하는 것도 아니고, '단카이 세대'(제2차 세계대전 직후인 1947~1949년에 태어난 베이비부머 - 옮긴이)가 통일된 가치관을 갖는 것도 아니며, '어라운드 서

뭔가가 있는 현실은
미래의 변화를 약속해준다.

티(30대 전후 - 옮긴이) 미혼 여성'이 누구나 초조해하는 것도 아니고, '유토리 세대'(1987~1996년에 일본에서 태어나고 자람, 현재 20~30대 연령층 - 옮긴이)가 균등하게 같은 지능을 가진 것도 아니다. 인류가 그렇게 기계처럼 정확한 대응력만 있었다면, 아주 예전에 멸망했겠지. 멸망하지 않고 현재에도 그럭저럭 살아남은 것은 자연이나 사회 정세 등이 야기하는 일정량의 인풋에 대해 각 개인의 아웃풋이 달랐기 때문이다. 도태는 논리로만 성립하는 게 아니며, 현실에 평균치(이것도 어떤 의미에서는 현대인이 만들어낸 이상상의 하나겠지)가 존재한다고 믿어버리면, 다윈 선생에게 야단을 맞을 것이다.

몇 번이든 반복하겠다. 우리는 애당초 다른 존재다. 따라서 개개인의 변화는(변화는 전혀 없는 것 같은 것까지 포함해서) 천차만별이다. 당신과 나는 가령 같은 옷을 입고 같은 음식을 먹더라도 다른 인간이다. 따라서 시간에 따른 변화도 달라진다. 같은 것은 하나도 없고, 같은 과정도 있을 리 없으며, 필연적으로 같은 결과도 나올 수 없다.

잊어서는 안 될 과제가 있다면, 변화를 알기 위해 비교 검증할 때 절대로 평균을 이용하지 않는 것. 존재하지 않는 평균의 이미지에 눈이 멀어서 미스터 중용中庸 씨랑 같다고 기뻐하거나, 낫다고 웃거나, 못하다고 슬퍼하거나…… 그런데 정신을 마모시킬 바에는 그저 오로지 눈앞의 현실만 보자. 현실에서 스쳐 지나가는 단 한 사람과 나를 비교해보자. 틀림없이 차이점은 얼마든지 찾아낼 수 있을 것이다.

그리고 만약 하나라도 찾아냈다면, 자기에게 변화가 생겼다고 당당히 가슴을 펴도 좋다. 누구나 요란하게 받아들이기 쉬운 '변한다'는 액션은 어차피 그 정도 수준이다.

24 아무리 애써도 괴로우면 웃자

　무리를 강요하는 것처럼 들리는가? 응, 나도 그렇다. 강경한 의견을 갖지 않고, 먼 미래에 대한 전망을 품지 않고, 아무것도 안 변한 것 같은 불안에 휩싸이더라도 타고난 스펙 자체가(미미한 것일지라도) 변화를 내포한 것이니, 결과적으로는 타자와 다른 인생을 살아가는 것이고, 변화도 늘 생긴다……. 그렇다고 굳게 믿으려 해도 믿기 어려울 때가 있다. 이해한다. 나 역시 인간이라 불안에 휩싸이는 순간은 있다. 그래도 안심하기 바란다. 무리는 통한다, 끝까지 관철시킬 기개만 있다면.

　나는 가끔 별로 친하지도 않은 사람에게 뜬금없이 "왜 그렇게 강하세요?"라는 질문을 받을 때가 있다(대체로 다들 어이없다는 분위기로 묻는다. 왜지?). 난 딱히 강하지 않다. 돈도 지식도 경험도…… 재능도 전혀 갖추지 못했다. 그럼에도 만약 누군가에게 내가 강해 보이는 일종의 (틀림없는) 오해가 생겨나는 원인을 유추해보자면, 내가 웬만한 일에는 동요하지 않는 인간으로 보이기 때문……일지도 모른다. 아마도 나는 다음 주로 예정된 마무리 교정 때, 입고 데이터 작성을 부탁한 디자이너가 어떤 이유로 쓰러지거나 사라지거나 도망을 친대도 전혀 당황하지 않을 것이다.

출판사인 만큼 편집자에게 간행물 수와 관련된 엄격한 할당량이 부과되지만, 설령 그해 연말까지 그것을 달성하지 못한다 해도 나는 아무렇지 않을 것이다. 신간이 안 나온다? 그래서? 매출 미달? 그게 어때서? 가령 그런 사태가 현실이 된다 해도 내가 곤란해할까? 전혀 곤란하지 않다. 곤란한 쪽은 나를 고용한 회사다.

그 책임은 어디에 있는가? 나를 고용한 회사에 있다. 결과적으로 나는 해고될지 모르지만, 그것 또한 당연한 흐름이다. 회사에 이익을 가져다주지는 못할망정 피해를 끼치는 인재를 놔둘 이유가 회사에는 없다. 그리고 그렇게 됐다면…… 곤란해한들 아무것도 변하지 않을 테니, 역시나 곤란할 건 없다.

자, 모든 게 앞뒤가 맞는다. 불합리한 점은 없다. 나는 무능하고, 무능한 것은 확실한 결과와 함께 출현한다. 이상할 게 없는 구조다……. 그런데 만약 여기에 이상을 엮어 넣으려 들면, 순식간에 적절치 않은 왜곡된 말들이 난무하기 시작한다. "좀 더 열심히 하겠습니다"라며 내가 눈물을 보이거나 "회사 방침을 지키지 못해 죄송합니다. 하지만 저는 전력을 다했습니다"라며 아우성을 친다면, 어떻게 될까?

입 밖에 낸 말에는 책임이 따른다. 그 말을 한 곳이 사회의 한복판이라면 더더욱 그렇다. 나는 급조된 이상에 순직하는 길을 선택할 수밖에 없게 된다. 그 책임을 통감하지 않는다 해도 그러한 형태를 띤 말이 저절로 나를 유혹하겠지…… 파멸을 향해서.

그런 미래를 원하는가? 물론 아니다. 나에게도 무능하지만 약간의 긍지는 있다. 현실이 된 말을 배신하는 짓은 할 수 없고, 하고 싶지도 않다. 조금 전에 늘어놓은 말들은 단

어떤 상황에서도

웃을 수 있게 되면

이미 무적無敵이다.

순한 예일 뿐이고…… 나는 어쨌든 얼렁뚱땅 속이는 짓은 못한다. 그렇기 때문에 나는 웬만한 일에는 자기 의견을 내놓지 않는다(하긴, 지금 이 순간 하고 있지만). 말의 장단에 관계없이 (길 때는…… 아마도 뭔가를 속이고 있을지도) 입 밖으로 나온 말은 나를 구속할 테고, 구속이 가능하도록 의식하면서 나는 말과 함께 지옥으로 떨어지겠지.

그렇기 때문에 나는 말로 속이는 짓을 하지 않으려고 애쓴다. 위에서 서술한 정열의 허식을 휘감은, 이상에 젖은 듯한 말을 내뱉지 않는다. 그러면 어떻게 할까? 그거야 빤하다. 그냥 웃을 수밖에 없다. 아무것도 할 수 없었다, 누구도 행복하게 해주지 못했다, 무능하다는 것만 결과로 드러났다…… 그렇게 깨달은 순간, 나는 껄껄껄 웃을 것이다. 그런다고 뭐가 좋아지진 않겠지만, 아무것도 변하진 않겠지만, 그래도 내 마음만은 가벼워진다.

이상에는 내가 없다. '그렇게 되고 싶은 나'는 있지만, 그것은 자기 자신이 아니다. 변화할 예정에 있는 나다. 내가 아닌 나를 떠올리고, 지금 있는 나와 비교 검증하고, 그 차이에 놀라거나 한탄하면서…… 지금의 나를 버리고 새로운 나를 찾으려 한다. 그것은 매우 가치 있는 작업이지만, 고통도 동반된다. 아니, 그것만이 아니다. 지금의 나를 버리는 과정에서 본래라면 유용했을 경험치나 견해까지 버리고 마는 경우도 생긴다.

현실에는 나뿐이다. 주위 사람도, 다양한 사실과 현상도 모두 지금의 나의 신체감각과 오성으로 언어화된다. 보는 것도, 듣는 것도, 아는 것도, 만지는 것도…… 무엇을 하든 주체는 나 자신이다.

우리는 살다 보면 너무나 많은 사물과 현상에 에워싸이기 때문에 적당히 취사선택하며 필요하다 싶은 것만 골라서 현실과 접촉한다. 다시 말해 놓치는 현실이 많은 것이다. 조바심 내지 말고 멈춰 서보자. 지금을 버리고 미래의 이상으로 내달리기 전에 아직 해야 할 현실과의 커뮤니케이션이 많이 존재한다는 사실을 깨닫자. 관찰과 시행착오로 그것은 가능해질 것이다. 물론 그것은 상당히 고된 작업이긴 하다. 굳이 슬프고 고통스러운 경험을 할 바에는 차라리 접하지 말 걸…… 그렇게 후회하고 싶어지는 현실은 분명히 있다.

그렇기 때문에 웃는 것이다. 현실을 지금보다 조금이라도 많이(모든 현실을 망라하는 건 아무래도 무모하지만) 내 세계로 만드는 작업은 의무감으로 성립되지 않는다. 그러니 이것은 놀이라고 스스로에게 들려주기 위해 웃어보자. 이상을 버리고 눈앞에 놓인 막대한 현실과 다시금 마주하는 행위는 어쩌면 헛수고로 끝나는 경우도 생길지 모른다. 그래도 좋다. 괜한 고생이었다고 웃어버리면, 대부분은 그리 대단한 게 아니게 된다.

실제로 헛수고였는지 아닌지는 곧바로 판별되지 않는다. '무의미한 일에 시간을 써버렸네'라고 느꼈다 해도 그 감개야말로 변화의 요인이 될 가능성은 있다. 그런 감개를 전력으로 긍정하는 작업이 웃음에는 있다고 나는 생각한다.

물론 아무 일도 없는데 웃기는 어려울 것이다. 뭐 하긴, 한계를 느낀 마음을 웃음으로 넘겨버리는 장렬한 수라장과 조우하면, 오히려 웃어버리기도 하겠지만("과연. 그럼. 마감은 언제죠?" "으음, 뭐, 말하긴 좀 그렇지만, 내일 밤인 것 같은데?" "하하하"), 웃기 위해 수라장을 맞이하는 것도 모순이랄까, 그건 그것대로 어

려울 테니, 뭐든 좋으니까 좋아하는 걸 한두 가지는 준비해
두자.

이 책 제4장에서 소개한 '일기를 써보자'나 '미술관에 가
보자'도 결국은 좋다고 말할 수 있는, 사랑할 만하다고 믿을
수 있는 대상을 늘리는 게 목적이다. 그것을 체험함으로써
빙긋이(뭐 하긴, 싱글벙글해도 좋다) 웃을 수 있는 게 생기면, 웃음
은 친숙해진다.

의외로 이것을 목적으로 삼아도 좋을지 모른다. 감당할
수 없을 만큼 고통스러운 시기, 힘든 시기는 반드시 오게 마
련이다. 그러므로 평소에 현실을 주의 깊게 관찰하고 경험
하고 언제나 웃는 얼굴로 지낼 수 있는 소재를 모아두는 태
도도 잘못은 아니다. 지금까지 기술한 내용과, 수단과 목적
이 뒤바뀌어버린 제안이지만, 상관없다. 그도 그럴 게 수단
이나 목적이나 양쪽 다 '현실을 사랑한다'는 내용에는 변함
이 없고, 목적의 수단화는 목적의 이상화보다 훨씬 더 현실
로 눈을 돌리게 해줄 것이다, 틀림없이.

25 마음의 저항력을 키우자

이 책도 슬슬 마무리를 지을까 한다. 간단히 정리해보자면, 결국은 '이상을 버리고 현실을 사랑하자'는 제안의 궁극적 목적은 '마음을 강하게 만드는' 데 있다고 생각한다. 외적 요인이 야기하는 스트레스에 대항할 수 있는, 확실하고 심지가 굳은 마음을 만들기 위해 이상을 버리고 현실을 사랑하자고 써온 것이다. 요즘 유행하는 표현을 쓰자면, 리질리언스resilience(스트레스에 대한 저항력)를 높이자고 호소했는지도 모른다.

몇 년 전, 분명 동일본대지진이 발생한 지 두세 달쯤 지난 무렵이라고 기억하는데, 내 친구가 자살했다. 어린 시절부터 절친했고, 학창 시절에는 자주 둘이서 기타를 연주하며 놀았던 기억이 난다. 대학을 졸업한 뒤로는 서로 자기 생활이 바빠졌지만, 가끔 만나 술을 마시곤 했다.

그가 어떤 사람이었는지 나는 잘 요약해서 말할 수가 없다. 내 기억에도 한계는 있고, 내 안에서 그가 더 이상 성장할 일도 없을 것 같아서다. 다만, 언제부턴가 그 친구는 눈 앞에 있는 것을 보지 않게 되었다. 술잔을 같이 기울이면서도 그는 나를 보지 않았고, 현실을 얘기하지 않았고, 먼 미래 얘기만 하게 된 것이다. 그가 말하는 미래는 대체로 잿빛이고, 주위 환경이나 경제 상황도 아무튼 안 좋은 일만 일어나고, 누구나 삶에 고통을 느끼고, 그로 인해 인간의 가치도 점점 떨어지고, 희망도 전혀 없는 세계에서 옴짝달싹도 할 수 없는 일상이 기다리고 있다…… 그런 세계관으로 구성되어갔다.

그 친구의 생각과 태도는 일관되었고, 분노와 체념이 묻어났다. 분노하면서 체념하는 것이다. 그런 미래를 옳다고 인정하며 살아가는 인간들에게 분노했고, 용서가 안 된다는 말을 되풀이하며 열을 올렸고, 때로는 매우 과격한 말까지 내뱉었다. 나는 그 친구의 저주를 조용히 들었다. 딱히 분별 있는 관찰자인 척한 건 아니다. 그 당시는 나도 아직 젊고 지혜가 얕아서 그가 하는 말의 의도를 이해할 수 없었던 것이다. 그가 그토록 적대시하는 '그놈들'이 누구인지, '때려 부순다'는 대상은 무엇인지, 감탄부호처럼 되풀이되는 '이젠 틀렸어'는 무엇이 틀렸다는 건지 알 수가 없었다.

알 수 없어서 질문을 거듭한 적도 있지만, 그 시점에서 그가 현실의 내 말에 호응해준 적은 결국 없었다. 나는 입을 다물게 되었고, 그가 점점 '이상해지는' 것을 그냥 바라보게 되었고, 그 후로는 만나자는 연락이 와도 이런저런 이유를 대며 차츰 회피하게 되었다. 무서워서 그랬을지도 모른다.

동일본대지진으로 우리 고향도 눈에 보이지 않는 상당한 피해를 입은 것 같아서 고향을 사랑하는 마음……이라기보다 부모를 걱정하는 마음으로 나는 도쿄 근교의 아파트를 정리하고 귀향했다. 그때 오랜만에 그를 만났는데, 변한 게 없었다. 아니, 더 심해졌는지도 모른다. 툭하면 일본은 이제 끝이라는 말을 중얼거렸다.

그의 상태를 훤히 알고 있었던 나는 크게 상관하지 않았

불안을 느낀다면 전력을 다해 현실을 응시하자.

다. 개인주의는 환상의 소산일 뿐이라는 걸 나는 그 시점에서 확신하고 있었기 때문에 나나 나를 포함한 현실이 종언을 맞는 것에 아무런 불안도 느끼지 않았다. 죽어서 흙으로 돌아가는 그 순간까지 필사적으로 살고, 가능하다면 후세에 자손을 남기고, 남길 수 없다면 최소한 미래에 태어날 사람들이 걸음을 내딛기 쉬운 주춧돌이 되어야겠다는 마음으로 살아가게 되었다. 진부한 표현일지 모르지만, 선조에게 감사하면서 자손에게 뭔가를 남길 수만 있다면, 일단은 인간으로 살아가는 이유, 살아온 증거가 될 거라고 생각하게 된 것이다.

그래서 나는 인간은 이미 틀렸다고 중얼거리는 그에게 "죽어도 상관없잖아. 전쟁이나 지진으로 수많은 사람들이 죽어서 엉망이 되었고, 그 사체들로 토대를 만드는 게 우리 일본인이니까"라고 대답했다(참고로, 최근에는 조금 다른 사고방식을 갖게 되었다. 너무 지나친 개인주의는 주위나 자기 자신에게 손해일 뿐이라는 생각은 변함이 없지만, 좀 더 절충적인 개인의 본연의 모습을 디자인할 수 있다고 생각하고 행동한다). 그 말이 그에게 어떻게 받아들여졌는지, 나는 그가 아니니 알 수는 없다. 다만, 그가 "아니, 그건 아니지,

그런 현실은 최악이잖아"라고 대답한 것은 지금도 또렷이 기억한다. 꽤 오랜만에 그가 내 말에 귀를 기울여줘서 나는 기뻤다. 그러나 거기에 대한 다른 말은 건네지 않았다. 그의 말을 들은 나는 확신 비슷한 게 떠올랐고, 그것에 관해 생각해보고 싶어서⋯⋯였을지도 모른다.

그 후 나는 나와 어울리지 않는 전시회 큐레이션 같은 일을 시작했기 때문에 바빠졌다. 그래서 만나자는 그의 전화를 몇 번인가 받았지만, 다음에 보자는 식으로 애매하게 미뤘다. 전시회가 시작되고 조금 지난 어느 날, 아침에 그의 전화를 또다시 받고 마지못해 나갔는데, 약속 장소에 나온 사람은 그가 아니라 그의 여동생이었다. 그리고 그 여동생에게 그가 자기 집 차고에서 목을 매 죽었다는 소식을 들었다. 허둥지둥 그의 집으로 달려가 거실에 뉘어져 있는 그를 보았다. 아직 화장化粧을 하지 않은 사체를 보는 건 처음이었다. 생명이 끊긴 인간의 진정한 얼굴이 그토록 복잡한 색으로 가득하다는 걸 알았고 슬펐다.

내가 제안했던 현실을 그가 '최악'이라고 평가한 것은 내게 적지 않은 힌트를 주었다. 첫째는, 그는 '선조에게 감사하고, 자손을 위해 길고 긴 세월의 도정에 있는 자기 존재를 바치는' 현실은 받아들이기 힘들다는 걸 알았다. 그렇다면 그는 그 반대, 즉 현실은 자기 자신을 위해 존재한다는 인식을 갖고 있었다고 추측할 수 있다. 그런데도 스스로 죽음을 선택한 것은 적어도 그 현실에서 만족을 얻지 못했다고 미루어 짐작할 수 있다.

그리고 지금부터는 추론인데, 자기를 위해 존재해야 할 현실이 자기 뜻대로 되지 않아서 현실에서 사라지는 쪽을 그가 선택했다면, 현실을 위해 목숨을 바쳐야 한다는 나의 주장을 최악의 형태로 거절한 그의 심리 동향도 읽을 수 있을 듯한 기분이 든다. 생전에 그가 보였던 분노와 체념이, 그 화살의 끝을 현실로 돌리고 있었다면, 그에게는 분명 마음속 깊이 바라는 것 - 확고한 이상이 있었겠지. 현실에 대한 분노가 이상을 키웠는지, 이상의 성장이 현실에 대한 체념을 조장했는지, 그 선후 관계는 알 수 없다. 아마도 양자는 나란히 달리면서 그 위력을 확장시키며 그의 뇌를 지배해갔을 거라는 생각이 든다.

내가 그를 위해 뭔가를 할 수 있었을까? 지금도 가끔 그런 생각을 한다. 혹은 그가 그렇게 되어버린 계기를 알고 싶기도 하지만…… 이제 와서 다 부질없는 것이다. 현실을 모두 긍정한다는 나의 주의는 그 근간에서는 예전이나 지금이나 변하지 않았기 때문이다. 그 친구가 이상해진 것도, 그가 죽은 것도 나는 모두 긍정한다. 부정한다 해도 변하는 건 전혀 없고, 그가 구원을 받는 것도 아니다. 나의 괴로움도 사라지지 않는다. 괴로운 현실을 괴로운 현실로 받아들이는 것이 내 마음을 유일하게 지켜주는 수단이었기 때문이다.

지금은 거기에서 한 발 나아가 '현실을 긍정하자'가 아니라 '현실을 사랑하자'는 생각을 갖게 되었다. 차이점은, 긍정보다는 사랑이 대상에서 뭔가를 발견하기 쉽다는 것이다. 긍정만 하는 태도로는 어제까지의 가치관의 속박에서 해방되기 어렵고, 단지 '그대로 인정해버리자'가 되기 쉽다. 그런데 사랑하려는 자세로 임하면, '새로운 발견을 한 상태에서 인정'하기가 쉬워진다. '괴로운 현실을 그냥 괴로운 것으로만 인정하는' 게 아니라 '괴로운 건 분명하지만, 차분히 마주하다 보면 즐거운 면도 있다는 걸 깨닫는' 독해 방식도 있을 것이다.

그렇게 생각하게 된 나는 실제로 그런 자세로 살게 되었고…… 덕분에 최근 몇 년간 자살하고 싶은 마음은 추호도 없었다. 여전히 능력이 부족하고 실패만 거듭하는 나약한 인간이지만, 마음은 강해졌다고 느낀다.

어떤 현실에도 사랑할 만한 포인트는 있다. 거기에 주의 깊게 시선을 집중하면, 다정하게 접하면, 조용히 말을 건네면 대상은 반드시 나의 의식에서 어떤 가치를 지니는 존재가 된다. 현실을 사랑할 수 있게 되면 현실을 긍정하는 수단과 목적에도 다양성이 생겨나고, 그 결과 외부 스트레스에 대한 마음의 저항력을 높이게 된다.

이 책은 그러기 위한 발견의 방책과 행동 지침을 정리한 내용인데…… 물론 현실은 광대하며, 나 같은 사람이 현실의 모든 측면을 얘기할 수도 없는 노릇이다. 나는 모르는 현실을 아는 척하며 전할 수는 없다. 따라서 이 책에 쓴 나의 아이디어는 어디까지나 마음의 저항력을 높이기 위한 하나의 예일 뿐이다.

그러나 나는 분명 앞으로도 현실을 다양한 방법과 사고로 사랑하려 노력할 것이다. 그런 가운데 또다시 새로운 착상을 얻거나 다른 돌파구가 될 수법을 고안해낼지 모른다. 단정하지 않는 까닭은 내가 나의 마음속 깊은 곳에서 생겨날 변화를 이상으로 삼지 않기 위해서다.

자신의 말로 자신을 속박한다면, 어이없는 일이다. 게다가 아직도 많이 나약한 내게는 좀 더 지켜봐야 할 현실이 있다. 앞일을 생각하기 전에 일단은 눈앞의 현실을 직시하고, 강한 마음을 갖추기 위한 경험과 지식과…… 사고를 깊게 다져나가야 한다.

이상을 버리자는 이상?

이 책은 이상의 폐해를 제기하고, 현실의 소중함을 옹호하고, 현실을 사랑할 수 있는 사고법을 주요 내용으로 써왔다. 그러나 제5장의 마지막에서 밝혔듯이, 이상을 버리고 현실을 직시하는 중요성의 근간에 자리 잡고 있는 것은 마음을 강하게 만들자는 제안이다. 마음의 저항력을 높이기 위해 이상과 거리를 두고, 눈앞에 있는 현실의 가치를 발견하자…… 그런 내용을 길게 써보았다.

요컨대 '이상을 버리는' 것도, '현실을 사랑하는' 것도 어디까지나 나를 지키기 위한 사상이다. 마음을 지켜야만 비로소 평온을 얻을 수 있다고 나는 믿고 있고, 또한 지키기 위해서는 강도強度가 필요하며, 강화하기 위해서는 현실을 겸허히 마주하는 것이 최선책이라고 생각했다. 몇 년 전에는 죽음에 대한 생각뿐이었고, 자살이라는 두 글자가 머리를 스치지 않는 날이 없었지만, 지금은 완전히 건강해져서 잘 지낸다. 내 나름대로 현실을 사랑하기 위해 애쓴 결과라고 생각한다.

그런데 강화가 끝난다면? 이젠 괜찮아, 마음은 강해졌어, 이젠 꺾일 일이 없다고 가슴을 당당히 펴고 말할 수 있게 된다면?

그때는 큰맘 먹고 이상에 매진해야 할 것이다. 누구로부터 주어진 것이 아닌, 자신의 강해진 마음으로 그려낸 이상이라면, 그것을 믿고 추구하고, 달려나가는 자세는 전혀 잘못될 리 없다. 꺾이지 않는 마음을 가졌다고 확신했다면, 오히려 마음이 먼저 이상을 끌고 올지도 모른다.

나는 아직은 조금 불안한 점이 있다. 일, 건강, 교우 관계, 경제 상황…… 직시해야 할, 계속 사랑해야 할 현실이 많이 남아 있다. 그러나 이 책에 있는 내용을 그럭저럭 실천해온 덕분인지 내 나름의 자신감이랄까, 사소한 일에는 침울해지지 않는 강인함이 몸에 밴 것 같은 기분이 든다.

최근에는 이상이 마음을 부드럽게 자극할 때가 있다. 퇴근길에 흔들리는 전철 안에서 '이런 걸 하면 일이 조금 커질지도 모르겠는데'라거나 휴일에 도서관에서 돌아오는 길에 공원을 가로지르다 어린아이를 데리고 나온 동년배쯤 되는 남자를 보며, '아이가 생기면 저렇게 공원을 산책하고 싶다'거나…… 그 밖에는 이렇게 책을 쓸 정도라 그런지 모르지만, 새로운 아이디어가 떠올라서 '다음에는 이런 걸 써보고 싶다'거나 한다. 특히 마지막 생각은 강하게 솟구쳐서 이상이라는 두 글자가 나를 늘 덮칠 것만 같다.

그러나 나는 지지 않을 것이다. 격돌을 감행할 것이다. 설령 만약…… 이상이 성취되지 않아 패배에 무릎을 꿇는다 해도, 그때는 진흙투성이가 되어 이 책을 다시 한 번 읽고 또다시 일어서면 그만이다. 현실은 언제나 있다. 언제나 있으니 늘 사랑하고, 자기를 강하게 만드는 양식으로 삼을 수 있다.

마지막으로 이렇게 현실을 사랑하는 작업을 서적이라는

미디어로 실현시킬 기회를 주신 오쿠라 출판의 나가시마 미즈키 씨, 그리고 멋진 표지를 만들어주신 디자이너 오노데라 겐스케 씨에게 진심으로 깊은 감사를 드린다. 또한 이 책을 선택해주신 독자 여러분, 정말로 고맙습니다. 기회가 있으면, 언젠가 또 만납시다.

가와사키 쇼헤이

나는 지금 행복할까?

　행복과 사랑은 우리 삶에서 매우 중요한 가치를 갖고 있는 개념이다. 역사적·학문적으로도 수없이 논의되었고, 오래도록 인생의 목표로 추구되어왔다는 사실이 이를 증명해준다. 그런데 굳이 나누자면, 사랑 역시 궁극적으로는 행복해지기 위한 방편 중 하나일 테니 행복의 범주 안에 포함된다고 할 수 있겠다. 문제는, 이 '행복'을 정의하기가 매우 까다롭다는 데 있다.

　기쁘고 즐거운 일상이 반복된다고 행복한 것도 아니고, 경제적으로 부유하다고 꼭 행복하다는 보장도 없다. 어떤 사람은 쾌락이 끊이지 않는 것을 행복으로 여길 테고, 어떤 사람은 자신이 정한 이상을 실현했을 때 느끼는 성취감을 행복으로 여길 테고, 어떤 사람은 가족의 건강과 평화를 행복으로 여길 테고, 또 어떤 사람은 삶의 질곡과 고락에도 흔들림 없는 강인한 정신력을 유지하는 상태를 행복이라 여길 것이다. 또한 문화적·종교적·정치적 배경에 따라서도 그 척도가 천차만별 달라질 수 있는 지극히 상대적인 개념이다. 요컨대 가장 일반적으로 행복을 규정하자면, 각 개체에게 있어 요구가 충족된 상태를 의미하는 주관적인 만족도라 할 수 있겠다.

『작은 행복론』은 이런 주관성을 특징으로 하는 행복을 전제로 하고, 우리가 각자의 위치에서 조금이나마 더 행복해질 수 있는 자세와 방법들을 엮어낸 책이다. 그런데 '작은'이라는 수식어 또한 상대적일 수밖에 없다. 저자가 이 책에서 작은 행복을 얻기 위해 제시한, 이상을 버리고, 서두르지 말고, 대단한 사람이 되려고 애쓰지 말고, 현실에서 즐거움을 찾고, 자연스럽게 변화해가라는 주장과 방법론은 아이러니하게도 어떤 이에게는 큰 행복으로 간주될 수 있다. 우리 주위에는 당장 눈앞에 닥친 생존 문제를 해결하기 위해 일용직을 전전하는 실직자도 있고, 위중한 병에 걸려 병상에 누워 있는 환자도 있다. 그들에게는 자연을 즐기고, 자기만을 위한 시간을 갖고, 고전을 읽고, 일기를 쓰는 등등의 행복 추구 방법론을 실천할 수 있는 토대 자체가 매우 부러울 것이고, 더없이 안정된 삶으로 비칠 수도 있다는 의미다.

그런데 앞에서도 썼듯이 행복은 근본적으로 매우 주관적이고 상대적이며, 자본주의 사회에서 각 개인이 처한 상황은 상이할 수밖에 없다. 이 책에서는 지나치게 버거운 '이상'을 목표로 정해서 정작 하루하루 소중한 행복의 기회를 놓쳐버리고, 위만 바라보다 현실을 제대로 사랑하지 못한 채 불안에 허덕이는 현대인들에게 자신이 선 자리를 다시금 냉정하게 파악하는 자리를 마련해준다는 면에서 의미가 크다. 물론 그렇다고 무작정 이상을 버리라고 호소하는 건 아니다. 실현 가능한 바람직한 이상을 품기 위해 잠시 멈춰서서 현재 상태를 겸허히 받아들이는 데서부터 시작하자는 제안이다. 즉 이상을 자박自縛의 주제로 삼지 말고, 좀 더 자유롭고 유연한 사고를 갖자는 말이다. 그래야만 비로소 베일에 가려졌던 현실을 재발견할 수 있고, 치열한 경쟁 사회를 살아내는 데 필수 불가결한 마음의 저항력을 탄탄히 다질 수 있다.

누군가와 나를 비교하는 순간, 이상은 미친 듯이 날뛰기 시작하고 추락을 두려워하기 때문에 실의에 빠지는 거라고 저자는 말한다. 헛된 이상을 버리는 것도, 눈앞의 현실을 사랑하는 것도 결국은 '나'를 지키기 위한 사상인 셈이다.

도망치려 해도 도망칠 수 없고, 그렇다고 그냥 압살당할 수도 없는 게 현실이다. 그리고 누구에게나 감당하기 힘든 고통과 시련은 찾아오게 마련이다. 그것이 삶이라면, 우리가 갖춰야 할 덕목은 어떤 풍파에도 휩쓸리지 않고 현실의 맹위를 참고 견뎌내는 강한 정신력이다. 나약한 상태로는 나 자신은 물론 타인도 사랑할 수 없고, 불행한 사람은 남을 행복하게 해줄 수 없다. 크든 작든 스스로 행복을 찾는 노력을 쌓아가는 것, 그것이야말로 숨 막히는 현실을 가장 지혜롭게 살아내는 최고의 자세이자 마음가짐일 것이다.

꿀꺽

오래 기다리셨습니다.   어?

따뜻한 정종입니다.

그렇군요.  안 시켰어요.

덜컹덜컹

작은 행복론

초판 1쇄 발행 | 2018년 1월 26일
초판 2쇄 발행 | 2018년 4월 19일

지은이 | 가와사키 쇼헤이
옮긴이 | 이영미
펴낸이 | 박남숙

펴낸곳 | 소소의책
출판등록 | 2017년 5월 10일 제2017-000117호
주소 | 03961 서울특별시 마포구 방울내로9길 24 301호(망원동)
전화 | 02-324-7488
팩스 | 02-324-7489
이메일 | sosopub@sosokorea.com

ISBN 979-11-961012-8-2 (03190)
책값은 뒤표지에 있습니다.

이 도서의 국립중앙도서관 출판예정도서목록(CIP)은 서지정보유통지원시스템 홈페이지(http://seoji.nl.go.kr)와
국가자료공동목록시스템(http://www.nl.go.kr/kolisnet)에서 이용하실 수 있습니다. (CIP제어번호 : CIP2018000680)